基本も実務知識も
これ1冊で！

管理会計

《本格入門》

（株）イーバリュージャパン代表取締役／税理士

駒井伸俊

ソシム

　ビジネスの世界は判断の連続です。

　これまでの経験・勘・度胸（Keiken,Kan,Dokyo;頭文字をとってKKDと言っている会社もあるとか）で判断をすることもあるでしょう。また場合によっては、全く未体験の事柄の判断に迫られることもあるかもしれません。

　ビジネス上の判断をするにあたって、KKDも重要な意思決定の方法です。しかし、そこにプラスアルファとして数字の判断材料が加わったら、鬼に金棒ではないでしょうか？

　経営やマネジメントに数字を活用するための考え方が、本書のテーマである管理会計です。数字とか管理会計と聞くと、「経理や財務の人たちに必要なスキルで関係ない」とか、「数字はどうも苦手だから避けて通ろう」と思われる方がいるかもしれません。

　果たして本当にそれでいいのでしょうか？

　答えは「No」です。

　管理会計的な視点を持てば、私たちがビジネス上の判断を誤る危険を減らしてくれます。

　ところで、皆さんは次のような場面でどのように判断をするでしょうか？

「200円/個で作っている製品を120円/個で買いたいというオーダーが入ったとします。この注文を受けますか？受けませんか？」

　200円/個で製造しているものを120円/個で売ったら赤字ですので、普通に考えたらこの注文は受けないという判断になるでしょう。ところが、管理会計的に考えると一概にそうとは言い切れない（第1章参照）のです。つまり、注文を受けた方がいい場合もあるということです。

　実際、ビジネスと数字は切っても切り離すことができません。

　例えば、若手人材の育成について検討していたとしましょう。人材育成は数字とは関係がなさそうにも思えます。しかし、人材を育成する目的を考えてみると、業務の効率化を図ることで、その結果としてコスト削減が達成されると

いったように、最終的には数字に繋がっていきます。

　つまり、ビジネスにおいては定性的な判断材料に合わせて、数字という定量的な判断材料を持つことが不可欠なのです。数字的な判断材料のない戦略や施策は、単なる絵に描いた餅にすぎません。

　本書は、仕事で財務諸表は見たことがあるけれど、今一つ、ビジネスに活用しきれていない方や、現場からマネジメントに携わる立場に変わって会社の数字と向き合って意思決定をしなくてはならなくなった方、あるいは将来のビジネスリーダーとして計数的なスキルを高めたい方、さらにはビジネスと数字に興味のある学生の方に向けて、実践的な会計視点を提供する管理会計の本格的な教科書です。

　財務諸表を取り扱う書籍は、書店に行くと会計のコーナーにたくさん並んでいます。しかし、ビジネスに数字を活用する管理会計の書籍は意外に少なく、あったとしても、管理会計の一部の分野を取り扱った入門書であったり、専門家向けの専門書が中心なようです。

　本書は、管理会計の分野を広くカバーするだけでなく、ビジネスで数字を活用する実践を目指しています。そのため、各節の終わりに「演習問題」がついています。「演習問題」を解いて、ビジネスに数字を活用する実践の足掛かりとしてください。

　本書をきっかけに、多くの方が会計視点を獲得し、そしてビジネスの世界で活躍されることを祈念しております。

2021年春

駒井　伸俊

　ビジネスの数字に関する分野には、大きくアカウンティングとファイナンスという世界があります。さらにアカウンティングには、外部者に開示するための財務諸表に関わる財務会計と、会社の中でマネジメントに数字を活用する管理会計の分野があります。

　そして本書は、財務会計の知識をベースにして、管理会計（ファイナンスも含む）の考え方を網羅しています。

　本書は、序章「管理会計とは何か？」から始まり、第一部「戦術的な意思決定（短期視点）のための管理会計」、第二部「原価管理のための管理会計」、第三部「戦略的な意思決定（長期視点）のための管理会計」と、三部（9章）の構成となっています。便宜的に三部構成になっていますが、ビジネスに関わる数字ですので、相互に関連の深い章もあります。

　基本的には序章から順に読んでいただくと理解が促進するはずです。その一方で、巻末には主な管理会計の用語の索引が載っていますので、もちろん、ご興味のあるテーマを中心に読んでもいただけます。

　さらに、本書では管理会計の理解を深めるため、次のような工夫を凝らしています。

・本文中では、色文字の太字と下線で重要な管理会計の用語を強調し、別途、「用語解説」で記憶の定着を図っています。また、主要な管理会計の用語は巻末の索引に記述されていますので、逆引きもできます。

・各節の最後には、「まとめ」と「演習問題」がついています。「演習問題」にはできる限り数値例を入れてありますので、電卓やExcelの関数を使って、各節の振り返りとして、また応用として、ぜひ取り組んで会計視点を身につけてください。

・その他、「実務に役立つ知恵」「ここに注意！」「COFFEE BREAK」などの記述には、実務や考え方のポイントが記載されています。目を通して、より理解を深めてください。

　各節の本文で管理会計の用語や考え方をマスターし、「まとめ」で再確認、最後に「演習問題」で定着化を図ってください。用語や考え方を「知る」、まとめで確認し「わかる」、実際に計算「できる」のサイクルです。

目次

management accounting

第2章　CVP分析
〜コスト・販売量・利益の関係を考える〜

第3章　原価分解
〜発生するコストを分類する〜

第4章　新しい管理会計の領域
～いろいろな費用の管理方法～

第二部　原価管理のための管理会計

第5章　原価計算
〜製品原価を計算する〜

第6章　コストマネジメント
〜製造間接費を配賦する〜

第三部 戦略的意思決定（長期視点）のための管理会計

第7章 資本コスト ～資金調達のためのコストを知る～

第8章 長期的な意思決定 ～戦略的な意思決定を知る～

第9章　バランスト・スコアカード
　　　　　〜戦略と数字をつなぐ〜

管理会計とは何か？

　会計と聞くと、思い浮かべるのは貸借対照表や損益計算書といった財務諸表ではないでしょうか。もちろん、会計の1つの大きな役割は、日々のビジネスをお金という形で記録して財務諸表を作成することです。そして財務諸表を読み込むスキルがあれば、その会社の経営状況などの把握には非常に有効です。

　ただし、財務諸表に記載されている数値だけでは、日々の業務や長期の投資の意思決定をするには不十分です。そこで、管理会計のスキルが必要になります。管理会計は、財務諸表の作成ではなく、数字をマネジメントや意思決定に活用していこうとする会計の分野なのです。

3つの会計の領域

-いろいろな会計の考え方

最近、なんとか財務諸表が読めるようになってきました。

会社の経営状況を把握するには、会計は必須のスキルだからね。

はい、最初は会計用語に慣れるだけで大変でしたが、一安心です。

でもね、数字に強くなるにはもう一段階のレベルアップが必要だよ。管理会計の
スキルを身につけないとダメだ。

管理会計ですか?

会計とは

会社はビジネスを行うため、資金を調達し、設備投資をしたり原材料を購入

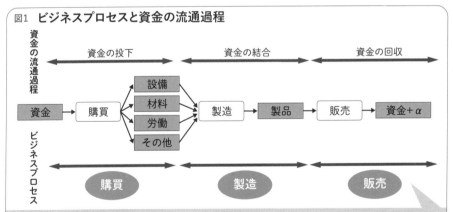

図1　ビジネスプロセスと資金の流通過程

ビジネスでは、調達した資金を投下して、資金を製品などに変え、その製品を販売することで最終的に資金を回収します。会計は、このビジネスプロセスを通じてどれだけの成果(経営成績)を上げたか、また会社の経営状況(財政状態)がどのようになっているのかを把握するためのものです。

したり、人を雇ったりして（購買プロセス）、製品を製造します（製造プロセス）。そして、その製品を顧客に販売し（販売プロセス）、投下した資金を回収します。

こうしたビジネスプロセスを通じて、調達した資金を使ってどのくらいの成果を上げたかを明らかにするのが会計（accounting）です。

制度会計と管理会計

会社の経営成績や財政状態を把握するための考え方が会計でしたが、一口に会計といっても、会計には制度会計と管理会計という2つの領域があります。

制度会計（institutional accounting）とは、企業が社外の利害関係者への情報提供を目的として、会社法や税法などの法律に基づいて実施される会計のことです。言い換えると、制度会計は法制度に基づいて、投資家、債権者、国などの利害関係者に見せるための会計とも言えます。

さらに、制度会計は財務諸表の作成・開示を通して、会社の実態を利害関係者に提供する**財務会計（financial accounting）**と、公平な課税を実現するために税額を計算する**税務会計（tax accounting）**に分けられます。

一方、**管理会計（management accounting）**は、経営の意思決定やマネジメント、ひいては業務のコントロールのために数字を活用する会計です。また管理会計は、経営者や企業の内部の人が見るための会計でもあります。

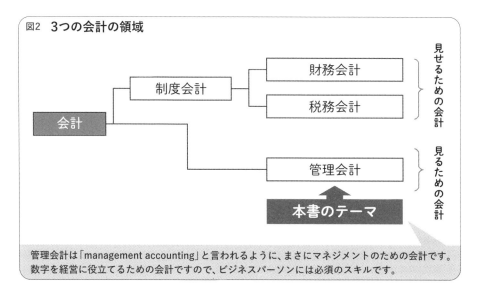

図2　**3つの会計の領域**

管理会計は「management accounting」と言われるように、まさにマネジメントのための会計です。数字を経営に役立てるための会計ですので、ビジネスパーソンには必須のスキルです。

制度会計と管理会計の特徴 _____

　制度会計と管理会計の特徴を、「主な利用目的」「利用者」「情報提供の手段」「法規制の有無」の４つの観点でまとめてみると、図3のようになります。

図3　制度会計と管理会計の特徴		
	制度会計（財務会計・税務会計）	管理会計
主な利用目的	期間損益（経営成績）の計算 財政状態の報告 税額の計算	経営の意思決定 マネジメント コスト・コントロール
利用者	外部の利害関係者 （投資家、債権者、国など）	会社の内部 （経営者、管理者、従業員など）
情報提供の手段	財務諸表、申告書	予算、経営計画、原価計算
法規制の有無	会社法、金融商品取引法、税法、 会計基準など	なし（会社独自）

　制度会計は、外部の利害関係者に有用な情報を提供することが目的ですので、法や会計基準などのルールに従って財務諸表を作成して、開示（ディスクロージャー）しています。

　一方、管理会計は、経営者など会社の内部者が経営のために活用するものですので、法や会計基準などに強制されるものではありません。管理会計においては、経営に有用な情報を提供することがポイントになります。

② 基本となる財務三表

− 会社の状況を表す数値

一口に会計といっても、いろいろな領域があるのですね。

 マネジメントに活かすという観点からは、管理会計の理解が重要なんだよ。

でも、制度が無いのなら、何を学べばいいのでしょうか？

 大切なのは考え方なんだけど、財務諸表がベースになるわけだから、まずは簡単に財務諸表についておさらいしてみようか。

財務三表

　管理会計は法や会計基準などのルールに従わなければならない会計ではなく、経営に数字を活かすための会計です。とは言え、数字のベースになるのは財務諸表ですので、財務諸表の知識がないと数字を上手く活用できません。

　そこで、ここでは主要な財務諸表である貸借対照表、損益計算書、キャッシュフロー計算書を、前提知識として簡単に確認しておきましょう。

①貸借対照表（B/S；Balance Sheet）

　貸借対照表は、一定時点（決算日）の**財政状態**を表す財務諸表です。財政状態とは、**資産**（会社の財産）、**負債**（支払い義務のあるもの）、**純資産**（会社の正味の財産）のバランスです。貸借対照表に表示される構成要素は、資産、負債、純資産の３つで、図４のようなフォーマットになっています。

②損益計算書（P/L；Profit and Loss Statement ）

　損益計算書とは、一定期間（事業年度）の経営成績を示す財務諸表です。
　経営成績は利益で表されます。**利益**は、**収益**（会社の稼ぎ）から**費用**（原価や経費などのコスト）を引いて計算されます。

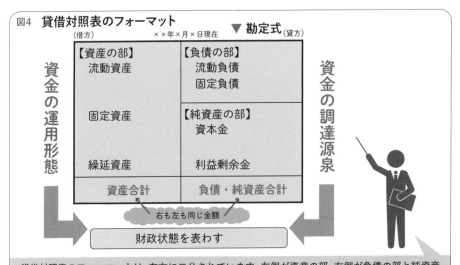

図4　貸借対照表のフォーマット

（借方）　　×× 年 × 月 × 日現在　　▼ 勘定式（貸方）

資金の運用形態

【資産の部】 　流動資産 　固定資産 　繰延資産	【負債の部】 　流動負債 　固定負債 【純資産の部】 　資本金 　利益剰余金
資産合計	負債・純資産合計

資金の調達源泉

右も左も同じ金額

財政状態を表わす

貸借対照表のフォーマットは、左右に二分されています。左側が資産の部、右側が負債の部と純資産の部から構成されています。右側の負債の部＋純資産の部は、会社がどこから資金を調達してきたかという調達の手段（資金の調達源泉）を示しています。一方、左側の資産の部は、その調達した資金をどのような形態で保有しているか（資金の運用形態）を示しています。

損益計算書も、表示される構成要素は費用、利益、収益の３つで、図５の左側は勘定式のフォーマットになっていますが、実務では複数の利益を表示する

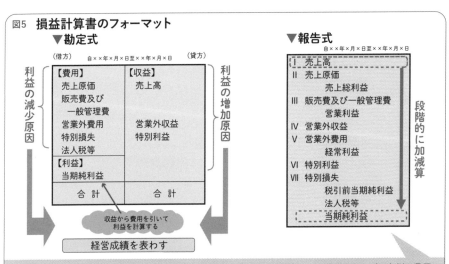

図5　損益計算書のフォーマット

▼ 勘定式

（借方）　自 ×× 年 × 月 × 日至 ×× 年 × 月 × 日　（貸方）

利益の減少原因

【費用】 　売上原価 　販売費及び 　　一般管理費 　営業外費用 　特別損失 　法人税等 【利益】 　当期純利益	【収益】 　売上高 　営業外収益 　特別利益
合計	合計

利益の増加原因

収益から費用を引いて利益を計算する

経営成績を表わす

▼ 報告式

自 ×× 年 × 月 × 日至 ×× 年 × 月 × 日

```
Ⅰ　売上高
Ⅱ　売上原価
　　　　売上総利益
Ⅲ　販売費及び一般管理費
　　　　営業利益
Ⅳ　営業外収益
Ⅴ　営業外費用
　　　　経常利益
Ⅵ　特別利益
Ⅶ　特別損失
　　　　税引前当期純利益
　　　　法人税等
　　　　当期純利益
```

段階的に加減算

損益計算書のフォーマットも左右に二分されます。右側の収益は利益を増加させる要因です。一方、左側の費用は利益を減少させる要因です。このような損益計算書のフォーマットを、勘定式といいます。勘定式のほかに、報告式といったフォーマットもあります。報告式では、複数の利益を表示するために、収益項目の売上高を先頭に、順次、費用や収益の項目を段階的に加減算していきます。実務では報告式で開示しているところがほとんどです。

ために、収益項目の売上高を先頭に、順次、費用や収益の項目を段階的に加減算していく報告式が使われています。

③キャッシュ・フロー計算書（C/F；Statement of Cashflow）

キャッシュ・フロー計算書とは、一定期間におけるキャッシュ・フロー（キャッシュ・インフローとキャッシュ・アウトフロー）の状況を、営業活動によるキャッシュ・フロー、投資活動によるキャッシュ・フロー、財務活動によるキャッシュ・フローの3つの区分に分けて示した財務諸表です。

次のようなフォーマットになっています。

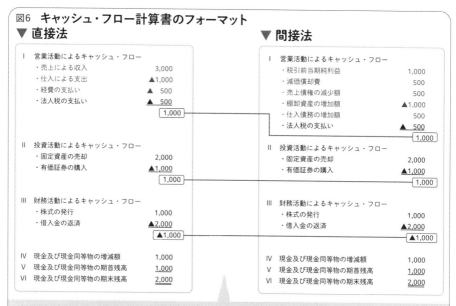

図6 **キャッシュ・フロー計算書のフォーマット**

▼ **直接法**

I	営業活動によるキャッシュ・フロー	
	・売上による収入	3,000
	・仕入による支出	▲1,000
	・経費の支払い	▲ 500
	・法人税の支払い	▲ 500
		1,000
II	投資活動によるキャッシュ・フロー	
	・固定資産の売却	2,000
	・有価証券の購入	▲1,000
		1,000
III	財務活動によるキャッシュ・フロー	
	・株式の発行	1,000
	・借入金の返済	▲2,000
		▲1,000
IV	現金及び現金同等物の増減額	1,000
V	現金及び現金同等物の期首残高	1,000
VI	現金及び現金同等物の期末残高	2,000

▼ **間接法**

I	営業活動によるキャッシュ・フロー	
	・税引前当期純利益	1,000
	・減価償却費	500
	・売上債権の減少額	500
	・棚卸資産の増加額	▲1,000
	・仕入債務の増加額	500
	・法人税の支払い	▲ 500
		1,000
II	投資活動によるキャッシュ・フロー	
	・固定資産の売却	2,000
	・有価証券の購入	▲1,000
		1,000
III	財務活動によるキャッシュ・フロー	
	・株式の発行	1,000
	・借入金の返済	▲2,000
		▲1,000
IV	現金及び現金同等物の増減額	1,000
V	現金及び現金同等物の期首残高	1,000
VI	現金及び現金同等物の期末残高	2,000

キャッシュ・フロー計算書には、直接法（主な取引ごとにキャッシュ・インフローとキャッシュ・アウトフローを表示する方法）と間接法（税引前当期純利益に必要な調整項目を加減算して表示する方法）があります。直接法と間接法は、営業活動によるキャッシュ・フローの算出方法（図内の色文字の部分）が異なるだけで、その他の部分は同一です。実務では、ほとんどの会社が間接法を使用しています。

財務三表の関係

貸借対照表、損益計算書、キャッシュ・フロー計算書と、主要な財務諸表（財務三表）の概要を見てきました。そして実は、3つの表は繋がっています。

貸借対照表を中心に、貸借対照表の純資産の部の剰余金の中にある、当期純利益が増えたか減ったかの明細書が損益計算書です。また、貸借対照表の資産の部のキャッシュが増えたか減ったかの明細書が、キャッシュ・フロー計算書です。

3つの表の関係は、図7の通りです。

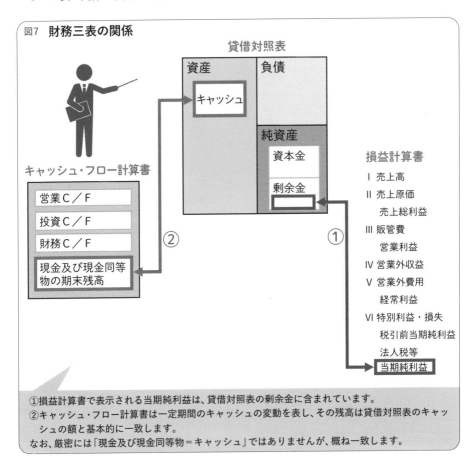

図7 **財務三表の関係**

①損益計算書で表示される当期純利益は、貸借対照表の剰余金に含まれています。
②キャッシュ・フロー計算書は一定期間のキャッシュの変動を表し、その残高は貸借対照表のキャッシュの額と基本的に一致します。
なお、厳密には「現金及び現金同等物＝キャッシュ」ではありませんが、概ね一致します。

あと2つの表

　会計上で重要な表と言えば、前述した財務三表ですが、管理会計で数字を扱っていくには、あと2つ重要な表があります。それは、<u>製造原価報告書（C/R,cost report）</u>と<u>販売費及び一般管理費の明細（SGA,details of selling and general administration expenses）</u>です。

　製造原価報告書は、損益計算書の売上原価に含まれる当期製品製造原価の内訳です。一方、販売費及び一般管理費の明細書は、損益計算書の販売費及び一般管理費の明細です。

　管理会計では、製造原価や販売費及び一般管理費の費用項目を様々な観点から区分するので、図8でフォーマットと主要な項目を確認しておきましょう。

図8 「製造原価報告書」と「販売費及び一般管理費の明細」

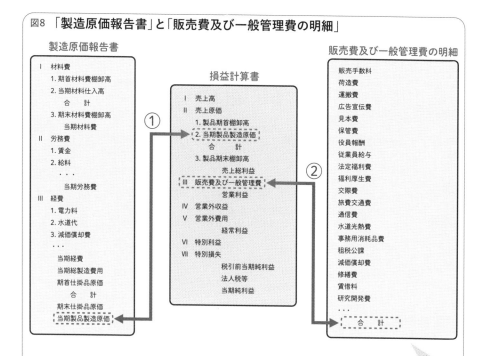

製造原価報告書

I 材料費
1. 期首材料費棚卸高
2. 当期材料費仕入高
　　合　計
3. 期末材料費棚卸高
　　当期材料費
II 労務費
1. 賃金
2. 給料
　・・・
　　当期労務費
III 経費
1. 電力料
2. 水道代
3. 減価償却費
　・・・
　　当期経費
　　当期総製造費用
　　期首仕掛品原価
　　合　計
　　期末仕掛品原価
　　当期製品製造原価

損益計算書

I 売上高
II 売上原価
1. 製品期首棚卸高
2. 当期製品製造原価
　　合　計
3. 製品期末棚卸高
　　売上総利益
III 販売費及び一般管理費
　　営業利益
IV 営業外収益
V 営業外費用
　　経常利益
VI 特別利益
VII 特別損失
　　税引前当期純利益
　　法人税等
　　当期純利益

販売費及び一般管理費の明細

販売手数料
荷造費
運搬費
広告宣伝費
見本費
保管費
役員報酬
従業員給与
法定福利費
福利厚生費
交際費
旅費交通費
通信費
水道光熱費
事務用消耗品費
租税公課
減価償却費
修繕費
賃借料
研究開発費
・・・
　　合　計

①製造原価報告書で表示される当期製品製造原価は、損益計算書の売上原価の中に含まれています。
②販売費及び一般管理費の明細の合計額は、損益計算書の販売費および一般管理費の額と一致します。

③ 戦術的意思決定、戦略的意思決定、原価管理
－ 本書でマスターできる領域について

財務諸表や他の数値を、意思決定やマネジメントに活かしていくのが管理会計なのですね。

そうだね。まさに、ビジネスに数字を活用するのが管理会計なんだよ。だからこそ、覚えるよりも、どう活用するかを考えることが重要なんだ。

なるほど！　ところで、管理会計の考え方はどんな領域で活用できるのでしょうか?

管理会計の領域

　会社を取り巻く経営環境の変化に適応すべく、会社は戦略を策定し実行していかなければなりません。会計というと、戦略を実行した結果の数字を作るといったイメージが強い感じがします。しかし、今日の会計、特に管理会計は、従来の製品原価を計算する原価計算や原価管理の領域を超え、会社の戦略策定と戦略の実行の領域まで深く関連しています。もはや管理会計は、単なる計算手法ではなく、戦略策定・実行の中で経営上の意思決定とマネジメントのための情報を提供する会計へと進化しているのです。

　管理会計の目的は、①経営者や管理者の経営的な意思決定を支援すること、②オペレーションレベルのマネジメントを支援することです。

①経営的な意思決定を支援するための管理会計

　経営的な意思決定を支援するための管理会計は、長期的視点に立った戦略的な意思決定と、短期的な視点に立った戦術的な意思決定に分類できます。
　戦略的な意思決定の主なテーマは、設備投資における意思決定（投資の経済性計算）です。そこでは、投資計画を立てるにあたって、その投資案を採用すべきなのか、すべきでないのかの判断の基準を与えてくれます。

　一方、戦術的な意思決定の主なテーマは、管理会計固有の原価（機会原価な

ど）や利益（限界利益など）の考え方を用いた意思決定の問題です。そこでは、アウトソーシングすべきか、すべきでないのかなどの判断の基準を与えてくれます。

②オペレーションレベルのマネジメントを支援する管理会計

オペレーションレベルのマネジメントを支援する管理会計は、利益・原価管理のため活用する管理会計です。

利益・原価管理のための管理会計の主なテーマは、原価計算の手続きによるコストマネジメントや製造間接費の配賦に関する問題です。

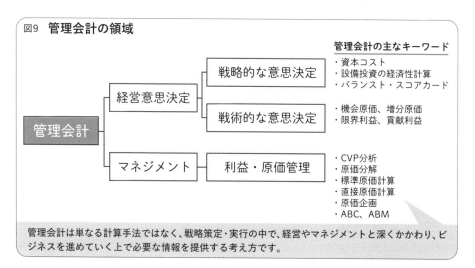

図9 **管理会計の領域**

管理会計の主なキーワード
・資本コスト
・設備投資の経済性計算
・バランスト・スコアカード

・機会原価、増分原価
・限界利益、貢献利益

・CVP分析
・原価分解
・標準原価計算
・直接原価計算
・原価企画
・ABC、ABM

管理会計は単なる計算手法ではなく、戦略策定・実行の中で、経営やマネジメントと深くかかわり、ビジネスを進めていく上で必要な情報を提供する考え方です。

会社は、その価値を増大させるため、日々利益を獲得し成長・発展していくことを目的としています。経営者や経営管理者は、その目的を実現するために戦略を立案し、経営上の意思決定をしながらマネジメントを行っています。

図9でご覧いただいたように、管理会計では戦略の立案・実行のために、経営の意思決定とマネジメントを支援する情報を提供していきます。まさに、管理会計の役割は、数字を経営の意思決定とマネジメントに活かしていくことなのです。

第1章からは実践編です。
いよいよ、ビジネスに数字を活かすための管理会計の世界に、深く踏み込んで行きたいと思います。

第一部

戦術的な意思決定（短期視点）のための管理会計

短期的な
意思決定の
いろいろ

～管理会計の視点で判断する～

　業務を進めていく中で、様々な意思決定の場面に遭遇します。何かを決めなければならいときに何となく意思決定するのではなく、数字の根拠があったほうが納得感がまします。意思決定する上で、真の数字の根拠を与えてくれるのが管理会計の考え方です。管理会計は意思決定のための考え方といっても過言ではありません。

　第1章では、管理会計で出てくる固有のコストや利益の考え方を使って、いくつかの意思決定の場面を検討していきます。具体的には、自製か購入か、新規受注の引き受けの可否、事業部の存続の可否、最適なプロダクト・ミックスなどの事例を中心に、どのように判断していったら良いのかを解説します。

管理会計固有のコスト

−意思決定で発生するコストを知る

 いくつかある案のうち、最もコストのかからない案を選択するにはどうしたらいいと思う?

それは、案ごとに交通費とか光熱費とかの種類に分けてコストを集計して、合計額を比較したらいいと思います!

 何となくコストを集計するだけでなく、費目ごとに集計するのはいいね。でも、それだけでは良い案の選択はできないよ。管理会計の視点を取り入れて意思決定しないとダメなんだ。

2つの案の選択

　そもそも、意思決定をするとはどういうことでしょうか?

　意思決定とは、複数の案の中から、ある判断基準によって1つの案を選択することです。意思決定で大切なことは、どんな判断基準に従って案を選択するかです。

　判断基準には、自分の好みであったり、将来性、実現可能性、リスクの有無など様々なものがありますが、管理会計における判断基準はズバリ数字、つまりコストや利益の高低です。ただし、管理会計のコストや利益は、財務会計でいうコストや利益と異なる部分がありますので、財務会計にとらわれすぎてしまうと選択を間違ってしまう恐れがあります。

　そこで、管理会計の視点から意思決定の世界を眺めていきましょう。

　2つの案があった場合に、どちらの案を選択すべきなのか、休暇の過ごし方を例にとって考えてみます。

　Aさんは休暇に旅行するために、旅行保険に入ったり、撮影用のカメラを購入したりと準備万端です。また自動車を持っていて、駐車場代などの自動車の維持費用が毎月かかっています。

▼ 旅行に行く前の準備

- ・旅行保険の支払：1,000円
- ・自動車の維持費用：40,000円／月
- ・カメラの購入代金：30,000円

　Aさんは、休暇の過ごし方として「海で過ごす案」と「山で過ごす案」の2つで迷っています。どちらの案を選択するかの判断基準には、満足度、リラックス度、疲労度、危険性等の様々な判断基準が存在しますが、今回の意思決定においては、発生するコストの低い案を選ぼうと考えています。

　「海で過ごす案」は、趣味のサーフィンをするので、ウェットスーツなどの荷物が多くなりそうです。そこで、自慢の愛車で海まで行って、ビーチ近くのペンションに泊まる予定です。
　海での休暇でかかるコストは、次の通りです。

▼ 海で過ごす案（5日間）

- ・高速代とガソリン代：16,000円
- ・レンタル代（サーフボード）：3,000円／日
- ・宿泊費（食事込み）：8,000円／日

　一方、「山で過ごす案」では、高山植物を撮りながら山を登って、山小屋で自炊するつもりです。気候も良く軽装で移動できそうなので、山まで電車で行くことにしています。
　山での休暇でかかるコストは、次の通りです。

▼ 山で過ごす案（5日間）

- ・電車代他：20,000円
- ・山小屋：5,000円／日
- ・食料他：25,000円

意思決定によって
影響を受けるコストと受けないコスト

さて、「海で過ごす案」と「山で過ごす案」は、判断基準としてコストの高低で考えるとどちらがいいのでしょうか?

ここでのポイントは、ある意思決定によって影響を受けるコストと影響を受けないコストを見極めることです。意思決定をするにあたっては、影響を受けないコストは考えず、意思決定によって影響を受けるコストだけを比較します。

管理会計では、意思決定によって影響を受けるコストのことを関連原価(relevant cost)、一方、影響を受けないコストのことを無関連原価(irrelevant cost)といいます。

まずは、旅行に行く前に発生したコストについて考えてみましょう。

旅行保険の代金はすでに支払った代金ですので、これから「海で過ごす案」と「山で過ごす案」のどちらをとっても影響を受けません(戻ってくるわけではありませんが)。

自動車の維持費用は車で海に行った場合に影響があり、他方、カメラの購入代金は写真を撮るために山に行った場合に影響がありそうですが、どちらの案をとっても、支払った事実がなくなるわけではありませんので、意思決定によって影響を受けません。海に行くのに車を使うから、自動車の維持費用は「海で過ごす案」のコストに、またカメラは山登りの時に使うから「山で過ごす案」のコストに分類しないように注意しましょう。

結果として、旅行に行く前のコスト(旅行保険の代金、自動車の維持費用、カメラの購入代金)は、過去に発生したコストのため無関連原価で、意思決定において考慮する必要はないのです。

▼ 無関連原価

> ・旅行保険の支払:1,000円
> ・自動車の維持費用:40,000円/月
> ・カメラの購入代金:30,000円

埋没原価

　意思決定によって影響を受けない無関連原価のことを、**埋没原価**(sunk cost)ともいいます。埋没原価は意思決定の前に発生した過去のコストのため、将来の意思決定に影響を与えません。過去に埋没して関係がなくなってしまったコストと考えるとわかりやすいでしょう。埋没原価は財務会計には出てこない管理会計固有の意思決定にかかわるコストです。ここで重要なことは、意思決定においては埋没原価は集計しないということです。ただし、全ての案に埋没原価を含めて集計するのは構いません。

用語解説	埋没原価は、将来の意思決定に影響を与えないコストのこと。

　「海で過ごす案」と「山で過ごす案」の意思決定で関連するコストは、両方の案の選択によって発生する未来のコストです。
　「海で過ごす案」と「山で過ごす案」の関連原価は、次のようになります。

図1-1-1　海で過ごす案と山で過ごす案の関連原価

海で過ごす案の関連原価

高速代とガソリン代	16,000円
レンタル代（サーフボード）	3,000円/日×5日間
宿泊代（食事込み）	8,000円/日×4日間
計　63,000円	

山で過ごす案の関連原価

電車代他	20,000円
山小屋	5,000円/日×4日間
食料他	25,000円
計　65,000円	

　「海で過ごす案」を選択したときの関連原価63,000円と、「山で過ごす案」を選択したときの関連原価65,000円の差額2,000円が差額原価です。

　「海で過ごす案」の関連原価の合計は63,000円、「山で過ごす案」の関連原価の合計は65,000円となり、「海で過ごす案」を選択したときの方が、支払うコストが2,000円少なくなります。よって、「海で過ごす案」と「山で過ごす案」

とでは、コストの高低を判断基準として考えると、「海で過ごす案」の方が好ましいことになります。

　「海で過ごす案の関連原価」の合計と「山で過ごす案の関連原価」の合計の差額のことを、差額原価（differential cost）といいます。差額原価とは、案ごとに出した関連原価の合計額の差額のことです。

機会原価〈逸失利益〉

　もう1つ、管理会計固有の意思決定にかかわるコストに、機会原価があります。機会原価（opportunity cost）は、原価とありますが、ある案を選択すれば得られたであろう利益です。言い換えるなら、ある案でなく他の代替案を選択したとしたら、無くしてしまう利益（逸失利益）のことです。管理会計では、無くしてしまう利益の反対ということで、機会原価という言い方をします。

　少しわかりにくいので、休暇の過ごし方に1つ、新たな要因を追加して考えてみましょう。

　Aさんが行く山には珍しい高山植物が多く生息するしているため、高山植物の写真を撮ってくれば、出版社から写真の掲載料として3,000円がもらえる約

図1-1-2　機会原価を考慮した場合の関連原価

海で過ごす案の関連原価

高速代とガソリン代	16,000円
雑誌の掲載料	3,000円
レンタル代（サーフボード）	3,000円/日×5日間
宿泊代（食事込み）	8,000円/日×4日間
	計 66,000円

機会原価

山で過ごす案の関連原価

電車代他	20,000円
山小屋	5,000円/日×4日間
食料他	25,000円
	計 65,000円

「海で過ごす案」を選択したときの関連原価66,000円（機会原価3,000円を含む）と、「山で過ごす案」を選択したときの関連原価65,000円の差額1,000円が差額原価です。

束になっています。この場合、「海で過ごす案」と「山で過ごす案」ではどちらを選択したら良いでしょうか？

　掲載料3,000円は、山の案を選択したらもらえたであろう利益ですが、「海で過ごす案」を選択したら失ってしまう利益（逸失利益）です。

　この掲載料3,000円が、機会原価です。

　機会原価は、意思決定によって影響が与えられるコストとして集計されることがポイントです。

　掲載料3,000円の機会原価を加算すると、「海で過ごす案」の関連原価は66,000円、「山で過ごす案」の関連原価は65,000円となり、「山で過ごす案」の方が好ましいことになります。実際に支出したコストの集計ばかりに気をとられていると、意思決定を誤ってしまう恐れがありますので、機会原価の存在には注意が必要です。

> **用語解説** 機会原価は、ある案を選択すれば得られたであろう利益（失った利益）のこと。

実務に役立つ知恵

　本文では、管理会計固有の原価の概念として機会原価を説明しました。ただ、機会原価の概念は重要ですがわかりにくいので、実務では収益とコストに影響をもたらすのであれば、収益の差額（差額収益）から差額原価を控除して、差額利益を計算する方法がとられることもあります。これを、差額原価収益分析（differential cost and revenue analysis）といいます。

　海の案をベースに、山の案と比較して差額利益を計算してみると、以下のようになります。

　結果、「海で過ごす案」の方が「差額利益-1,000円」となりますので、「山で過ごす案」を選択します。

　なお、差額原価収益分析は意思決定に関連するデータのみに着目するので、データの収集がしやすく分析の時間を短縮できるというメリットがあります。

差額収益 − 3,000円＝海で過ごす案0円と山で過ごす案3,000円の差額
差額原価2,000円＝海で過ごす案63,000円と山で過ごす案65,000円の差額
差額利益 − 1,000円＝差額収益 − 3,000円＋差額原価2,000円

1-1 のまとめ

- ・意思決定によって影響を受けるコストのことを関連原価、影響を受けない
  コストのことを無関連原価、または埋没原価という。
- ・案を選択するときは、無関連原価（埋没原価）は集計するコストに含めない。
- ・機会原価は、ある案を選択すれば得られたであろう利益のこと。
- ・案を選択するときは、機会原価を集計するコストに含める。

演習問題

A社は、新規の取引先B社から部品を仕入れるにあたり、取引額100万円の10%の手付金を支払いました。ただし、この手付金は取引をキャンセルしても返還されません。そして後日、インターネットで調べてみると、同様の部品が85万円でC社から仕入れられることがわかりました。

A社は、コストの高低を判断基準とした場合、すでに手付金を支払っているB社から部品を購入するべきでしょうか？

それとも、手付金をキャンセルしてC社から部品を購入するべきでしょうか？

解答

手付金をキャンセルして、C社から部品を購入するべき。

解説

代替案を選択する上での無関連原価・埋没原価に注目しましょう。

B社から仕入れるとすると、すでに手付金10万円を支払っていますので、あと90万円で部品を購入できます。一方、C社から仕入れるとすると、手付金10万円は戻ってこないうえに、あと85万円の支出が必要になり、計95万円かかったような気がします。

ここで、この意思決定に無関連なコストがあることに注意しなければなりません。手付金10万円は過去に支出したコストであり、B社とC社のどちらを選択しても返還されることがない埋没原価です。埋没原価は案の選択にあたって集計するコストには含めませんので、意思決定する現在から将来に関連するコストで判断します。

B社から購入：関連原価　90万円
C社から購入：関連原価　85万円

C社からの購入の方が5万円（差額原価）小さいので、C社から購入すべきなのです。

アウトソーシングの意思決定

－自社で作るか、他社から購入するか

ある製品の部品を自社で作るか、他社から購入するかの判断の基準は何だと思う?

それは安い方がいいでしょうから、いくらで作れるのか、いくらで購入できるのかの比較だと思います。

そうだね。じゃあ、自社で作ると650円/個、購入すると400円/個だったら、どちらを選ぶ?

簡単ですよ。もちろん購入します。その方がコスト削減になりますから!

本当にそれでいいのかな?

アウトソーシングの意思決定

　管理会計の意思決定問題で、よく取り上げられるアウトソーシングの意思決定について考えてみましょう。アウトソーシングとは、業務の一部を外部に発注することです。ここでは、コスト削減のために、ある部品を自社で作った方がいいのか、外部から購入した方がいいのかについての意思決定を、次のような例で考えてみましょう。

自製か、購入か?

　A社は製品Xに必要な部品Yを650円/個で作っていますが、外部の部品メーカーから400円/個で購入できそうです。次の資料をもとに自製すべきか、購入すべきかを検討してみます。

・A社は部品Yを月に1,000個製造している
・部品メーカーから月に1,000個の注文であれば、400円/個で納品可能と言われている

図1-2-1　**部品Yの製造費用（生産量1,000個/月）**

直接材料費（部品Yの製造に直接かかる材料代）	250,000円
直接労務費（部品Yの製造に直接かかる人件費）	200,000円
変動間接費（部品Yの製造費に直接かかる経費）	50,000円
固定間接費（工場全体で発生する経費）	150,000円
製造費用の合計	650,000円

部品Yの一個あたりの単価は、650円/個（＝製造費用650,000円÷1,000個）

工場の作業員は、部品Yを部品メーカーから購入しても解雇するわけではないので、直接労務費は変化しないものとします。同様に、固定間接費も工場全体で発生する費用なので、変化しないものとします。

まずは、自製した場合と購入した場合のコストの総額を比べてみましょう。

自製した場合
部品Yの製造原価の資料から、
製造費用650,000円
（製品原価650円/個＝製造費用650,000円÷1,000個/月）
となり、コストの合計として650,000円かかります。

購入した場合
部品メーカーからは400円/個で購入できますので、
購入代金400,000円（＝400円/個×1,000個/月）
がかかります。

一見すると、部品メーカーに生産をアウトソーシングして購入した方が、コスト削減を目的とすると250,000円安いので好ましいように見えます。そもそも、製造原価650円/個に対して購入額400円/個ですので、購入した方が安く感じます。

　果たして、その意思決定で本当にいいのでしょうか？

　管理会計の視点で見ると、意思決定のポイントは、ある意思決定よって影響を受けるコストと、影響を受けないコストを見極めることでした。意思決定をするにあたっては、影響を受けないコストは考えず、意思決定よって影響を受けるコストだけを比較します。

削減されるコストとされないコスト

　部品Yを購入する意思決定をしたとき、影響を受ける（関連する）コストは何かを考えてみましょう。まず、購入代金400,000円が発生することはすぐにわかります。他に考慮しなければならないコストはないでしょうか？

　実は、アウトソーシングしても無くならない（無関連にならない）コストが存在します。

　一つ一つのコストを検討してみましょう。

> ・直接材料費は、部品Yを作る必要がないので無くなる
> ・直接労務費は、部品Yを作らなくても解雇するわけではないので、そのまま残る
> ・変動間接費は、部品Yを作る必要がないので無くなる
> ・固定間接費は、部品Yを作らなくても工場全体で発生するコストなので、そのまま残る

　つまり、直接労務費200,000円と固定間接費150,000円は、アウトソーシングをしても発生するコストなのです。

　図1-2-2を見てわかるように、部品メーカーから部品Yを購入したとしても発生するコストは750,000円となり、自社で製造していたときの製造費用650,000円を上回ってしまいますので、コスト削減になりません。コスト削減を目的とした意思決定をするのであれば、部品Yは自社で作り続けるべきだということになります。

図1-2-2　アウトソーシングしても発生するコスト

購入代金	400,000円
直接材料費（部品Ｙの製造に直接かかる材料代）	0円
直接労務費（部品Ｙの製造に直接かかる人件費）	200,000円
変動間接費（部品Ｙの製造費に直接かかる経費）	0円
固定間接費（工場全体で発生する経費）	150,000円
発生するコストの合計	750,000円

アウトソーシングをすれば、部品Ｙの製造に直接的にかかわる直接材料費と変動間接費は
削減できます。一方で、直接労務費は工場の作業員を解雇しないと削減できません。同様に、
固定間接費も工場を無くさないと削減できません。

考え方のポイント
作業員の労務費や工場全体で発生する固定間接費などは、人や建物・設備と
いった経営資源が意思決定によって変化しない固定的なものだとすると、他の
案を選択しても削減されるコストではないので注意が必要です。

固定費と変動費

　管理会計では、財務会計の損益計算書に出てくる交通費や光熱費といった費
目別のコストの区分の他に、意思決定や原価・利益管理の目的で、コストを固
定費と変動費に区分することがあります。

　固定費（fixed cost）とは、営業量や工場の操業度の増減にかかわらず総額
で変化しないコストです。例えば、工場の作業員の基本給、機械のリース代、減
価償却費などです。

　変動費（variable cost）とは、営業量や工場の操業度の増減に応じて総額
で比例的に変化するコストです。例えば、原材料費や外注加工費などです。

用語 解説	**固定費**は、操業度の増減にかかわらず変化しないコストのこと。 **変動費**は、操業度の増減に応じて比例的に変化するコストの こと。

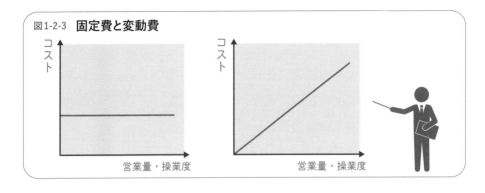

図1-2-3 **固定費と変動費**

コスト
営業量・操業度

コスト
営業量・操業度

　Y部品を自製するか、購入するかの事例で考えると、直接労務費や固定間接費は、A社の工場の操業度にかかわらず毎月一定額発生するコストなので固定費になります。一方、直接材料費や変動間接費は、Y部品の生産量によって増減するコストなので変動費になります。

　自製するか、購入するかの意思決定においては、何が固定費であるのかに注目すると、それ以外が意思決定に関連するコストですので、コストの集計モレを防ぎやすくなります。

アウトソーシングする分岐点

　Y部品の購入代金がいくらだったら、アウトソーシングした方が有利だったでしょうか？

　考え方のポイントは、固定費は毎月一定額発生しますので、コストの計算に含めないということです。つまり、自製したとしてもしないとしても、直接労務費200,000円と固定間接費150,000円は固定費として発生しますので、部品Yのコストには含めません。

　一方、直接材料費250,000円と変動間接費50,000円は、自製することで発生する変動費ですので、部品Yの変動費は300,000円です。

　部品Yを1,000個／月に生産していますので、部品Yの一個あたりの生産コストは300円（＝300,000円÷1,000個）と考えることもできます。

> 部品Yの変動費300円／個＞部品メーカーからの購入代金

　この部品Yの変動費300円／個より、部品メーカーからの購入代金が安ければ、コスト削減が可能になります。

アウトソーシングするか、しないかの分岐点を検討するために、1個あたりの変動費と購入代金の比較をしましたが、自製するか、購入するかの意思決定をするにあたっても、差額原価のみで考えると、図1-2-4のようになります。

図1-2-4　自製と購入の差額原価

直接材料費	250,000円		直接材料費	0円
変動間接費	50,000円		変動間接費	0円
購入代金	0円		購入代金	400,000円
関連原価の合計	300,000円		関連原価の合計	400,000円

固定費である直接労務費と固定間接費は、自製する場合も購入する場合も毎月必ず発生します。今回の意思決定には無関連な原価です。

ここに注意！

自製か購入かの意思決定には、1つの前提があります。それは、自社の工場の生産能力に余力があるということです。

もし、部品Yを生産するのに新たな設備などが必要になる場合は、設備投資の意思決定の問題としてとらえなおす必要があります。なぜなら、自製によるコストの変動以外に、新規の設備などへの投資額が発生するからです。

また、仮に部品Yを自製するために他の製品の生産をコントロールしなければならないとすると、部品Yを自製した場合に節約できるコストの額と、部品Yを自製することによって生産できなくなる他の製品の生産量の減少による利益の減少額とを比較しなければなりません。

他の要件（生産能力の増加など）の変化がないか、慎重に検討しないと判断を誤ってしまう恐れがあるので注意が必要です。

実務に役立つ知恵

実務において、自製するか購入するかの意思決定をする際に、関連原価と無関連原価の比較だけで意思決定をしてしまうのは危険です。差額原価の検討で把握できるのは、あくまで定量的なコストの高低だけです。実際の場面では、自製をやめてアウトソーシングすることで、工場の作業員や機械や設備を他の有益な作業や生産に転用することができ、生産性の向上が図れるかもしれませんし、逆にアウトソーシングすることで、社内に技術が蓄積できず、技術力が低下してしまうかもしれません。

差額原価の分析は定量的な判断の根拠を与えてくれますが、他の定性的な要因も考慮することを忘れないようにしましょう。

1-2 のまとめ

- ・自製するか、購入するかの意思決定においては、どちらかの案を選択した場合の関連原価と無関連原価・埋没原価とを見極める。
- ・操業度の増減に応じて比例的に変動するかしないかで、コストを変動費と固定費に区分する。
- ・生産能力に余力がある場合、固定費は関連原価に含めない。

演習問題

　本文と同様の例（P34参照）で数値は一緒ですが、下記の条件が加わった場合に、部品Yを自製するべきか、アウトソーシングするべきかを検討してみてください。

- ・部品Yの生産をやめた場合、その機械時間を使って製品Zを生産できる
- ・製品Zの生産により、150,000円の利益が見込める

解答

　アウトソーシングする案の方が50,000円コストが低いので、アウトソーシングすべき。

解説

機会原価に着目しましょう。
　本文と同様に、2つのアプローチで考えてみます。

・新たに発生するコストの合計で比較する
　自製する場合は、部品Yの製造費用の合計は650,000円（図1-2-1）のままですが、アウトソーシングする場合に製品Zの製造により得られたであろう利益（逸失利益）150,000円、つまり機会原価を考慮する必要があります。その結果、自製した場合のコストは800,000円となります。
　アウトソーシングした場合は、発生するコストの合計750,000円（図1-2-2）のままです。
　よって、アウトソーシングする案の方が50,000円コストが低いので、アウトソーシングすべきです。

・関連する原価のみで比較する
　自製する場合の関連原価の合計450,000円（＝直接材料費250,000円＋変動間接費50,000円＋機会原価150,000）、一方、アウトソーシングした場合の関連原価は購入代金400,000円となります。よって、アウトソーシングする案の方が50,000円コストが低いので、アウトソーシングすべきです。

原価・費用・コスト・の関係

管理会計では、異なる目的には異なる原価（cost）を使うのが一般的です。そのため、管理会計には様々な原価が存在します。一方で財務会計には、原価と似た用語に費用（expense）があります。

管理会計の原価と財務会計の費用は、何が違うのでしょうか？

管理会計でいう原価とは、財務会計でいう製造原価に販売費及び一般管理費を足したものです。財務会計で費用に含まれる営業外費用や特別損失は、営業量や操業度にかかわらないため、原価には含まれません。また管理会計では、意思決定の分野で管理会計固有の原価（埋没原価や機会原価など）が出てきます。

さらにややこしいことに、管理会計に出てくる営業量や操業度との関連における原価の分類では、固定費と変動費が出てきます。管理会計では原価という用語が多いので、固定原価と変動原価という用語でも良さそうですが、財務会計の交通費（travel expense）などのように費用をイメージさせる用語となっています。

色々な用語があって紛らわしいですが、基本的には管理会計における原価はコスト（cost）の総称だと考えておけば大丈夫です。埋没原価はsunk costですし、固定費はfixed costです。本文中でも主要な用語は英語表記を付記していますので。迷われた時の参考にしてください。

管理会計の原価

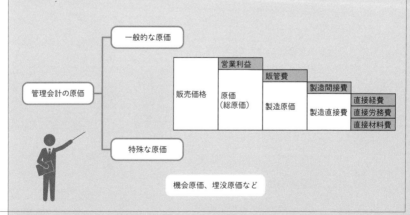

追加受注の意思決定

－ 受注を受けるか、受けないか

自社製品に新たに注文があった場合、その注文を受けるか、受けないかの判断基準は何だと思う？

注文を受けたら、儲かるのか、儲からないのかではないですか？

そう、利益の有無が判断基準だね。では、自社製品を200円/個で販売しているときに、新たに120円/個で販売して欲しいという注文はどうすると思う？

うーん、安すぎますね。儲からないのではないですか？

一概にそうは言えないね。ちゃんと比較してみないとわからないんだよ。

追加受注の意思決定

　追加受注の意思決定も、管理会計の考え方を取り入れると、通常とは違った結論が出てくるテーマです。工場の生産能力にはまだ余力があって、自社製品の注文を新たに受けた場合、その注文を受けたほうがいいのか、受けない方がいいのかの意思決定を、次のような例で考えてみましょう。

注文を受けるか、受けないか？

　A社は製品Xを生産し、200円/個で販売しています。そこにB社から製品Xを120円/個で10,000個販売してい欲しいとの注文が入りました。工場の生産能力は100,000個/月で、現在80,000個/月に生産・販売しています。だから注文を受ける余裕はあります。次の資料をもとに、追加注文を受けるべきか、受けないべきかを検討してください。

図1-3-1　製品Xの製造原価に関するデータ

直接材料費	4,800,000円
直接労務費	1,600,000円
製造間接費	4,000,000円
製造原価の合計	10,400,000円

・直接材料費は全て製品Xに関する変動費である
・直接労務費のうち、800,000円（10円/個）が変動費で、800,000円が固定費である
・製造間接費のうち、2,400,000円（30円/個）が変動費で、1,600,000円が固定費である
・追加注文を受けても、新たに販売費は発生しないものとする
なお、製品Xの単価は130円/個（＝製造原価10,400,000円÷80,000個）です。

　製品Xの製造原価に関するデータから、製品Xは1個130円（＝製造原価10,400,000円÷80,000個）で作られていることがわかります。B社の追加の注文は1個120円ですので、原価を割ってしまっています。原価割れの注文を受けるのは、普通に考えるとおかしな意思決定です。しかし、管理会計の観点から考えると、原価割れの注文を受けたほうがいい場合もあるのです。意思決定のポイントは、その意思決定によって影響を受けるコストと、影響を受けないコストの見極めでした。

意思決定の影響を受けない固定費

　追加注文を受けても、その意思決定に影響を受けない（関連しない）コストがあります。それは固定費です。固定費は工場の操業度の増減にかかわらず総額で変化しないコストですので、追加注文を受けても受けなくても、常に一定額は発生しています。今回のケースでは、直接労務費のうちの800,000円と、製造間接費のうちの1,600,000円が固定費ですので、この意思決定には関連しない無関連原価です。

　では、無関連原価を除いて、注文を受けない場合と受ける場合の関連原価を比較してみましょう。

図1-3-2　注文を受けない場合と受けた場合の関連原価

注文を受けない場合		注文を受けた場合	
直接材料費	4,800,000円	直接材料費	5,400,000円
変動直接労務費	800,000円	変動直接労務費	900,000円
変動製造間接費	2,400,000円	変動製造間接費	2,700.000円
関連原価の合計	8,000,000円	関連原価の合計	9,000,000円

注文を受けた場合、以下が新たに発生します。
・直接材料費600,000円（＝60円/個×10,000個）
・変動直接労務費100,000円（＝10円/個×10,000個）
・変動製造間接費300,000（＝30円/個×10,000個）

　追加注文を受けた場合に変動するコスト（変動費）は、直接材料費（60円/個）、変動直接労務費（10円/個）、変動製造間接費（30円/個）です。図1-3-2を見てわかるように、それぞれ追加注文の10,000個分だけのコストが増えますので、注文を受けない場合より、合計で1,000,000円のコスト高になります。

　ここで、もう1つ考えなければいけない要素があります。この追加注文を受けることで変化するのは、コストだけでしょうか？

限界利益

　確かに、追加注文を受けるとコスト高になりますが、その一方で販売するわけですので、売上高も増え、結果的に利益が増える可能性があります。
　そこで、管理会計固有の利益である、限界利益の考え方が登場します。

　限界利益（marginal profit）とは、売上高から変動費を引いた利益のことで、売上高の変化に応じて、比例的に変化する変動的な利益です。

用語解説	**限界利益**とは、売上高から変動費を引いた利益のこと。

では、追加注文を受けない場合と受ける場合の限界利益は、どのように変化するでしょうか？

> **注文を受けない場合**
> 売上高は16,000,000円（＝200円／個×80,000個）で、図1-3-2より変動費は8,000,000円ですので、限界利益は8,000,000円となります。

> **注文を受ける場合**
> 売上高は17,200,000円（＝16,000,000円＋120円／個×10,000個）で、図1-3-2より変動費は9,000,000円ですので、限界利益は8,200,000円となります。

よって、限界利益が200,000円増えることになりますので、注文を受ける場合の方が有利になります。

差額原価収益分析

追加注文の意思決定は、差額原価収益分析で考えることもできます。

差額原価収益分析では、意思決定において変化する収益の差額（差額収益）から差額原価を控除して、差額利益を計算する方法でした。

今回の追加注文の可否のケースで差額利益を計算してみると、次のようになります。

> 差額収益1,200,000円＝注文を受けた場合の売上高17,200,000円と、受けない場合の売上高16,000,000円の差額
>
> 差額原価1,000,0000円＝注文を受けた場合の変動費9,000,000円と、受けない場合の変動費8,000,000円の差額
>
> 差額利益200,000円＝差額収益1,200,000円－差額原価1,000,000円

結果、「注文を受けた場合」の方が、差額利益（差額の限界利益）200,000円増えますので、「注文を受ける」を選択します。

差額原価収益分析で難しいように感じますが、慣れてくると分析のスピードが速くなります。意思決定によって変化する要因に着目して考えていくことがポイントです。

追加注文を受けるか、受けないかの意思決定をする際に、意思決定に関連する売上高と関連する原価から限界利益を比較しました。ただし、限界利益で判断できるのは、意思決定した時点での定量的な利益の高低だけですので、留意が必要です。

追加注文を受けることによって、フル稼働していなかった生産能力を有効に活用できるというメリットはあります。その一方で、値引きして販売したことによる他の取引先への影響を考慮することを忘れてはいけません。追加注文によって値引きした事実が、他の取引先に伝われば、同様に値引きを求められる可能性が強まります。結果的に、値引きしなければ販売できなくなってしまい、全体の利益を押し下げてしまう可能性もあります。

1-3 のまとめ

・追加注文を受けるか、受けないかの意思決定においては、どちらかの案を選択した場合の関連原価と無関連原価とを見極めると同時に、変動する売上高も考慮する。

・追加注文によって変動するかしないかで、コストを変動費と固定費に区分する。

・生産能力に余力がある場合、固定費は関連原価に含めない。

・限界利益が増加するのであれば、原価割れでも注文を受けた方が有利。

演習問題

　A社は製品Yを生産し、2,000円/個で販売しています。そこにB社から製品Yを2,200円/個で2,000個販売してい欲しいとの注文が入りました。工場の生産能力は5,000個/月で、現在4,000個/月に生産・販売していますので、生産能力を増強するために、新たに設備を1,000,000円でリースする必要があります。

　以下のデータをもとに、追加注文を受けるべきがどうかを検討してください。

製品Yに関するデータ

売上高	8,000,000円
直接材料費	1,200,000円
直接労務費	1,320,000円
製造間接費	3,090,000円
売上総利益	2,390,000円

- 直接材料費は全て（300円/個）、製品Yに対する変動費である
- 直接労務費は全て（330円/個）、製品Yに対する変動費である
- 製造間接費のうち、1,650,000円が固定費で、1,440,000円（360円/個）は製品Yに対する変動費である

解答

　追加注文を受けた方が、限界利益が1,420,000円増加するので、設備を新たにリースしても追加注文を受けるべき。

解説

　生産能力を超えてしまうので、それを補足する追加的なコストも忘れないようにしましょう。

　注文を受ける場合に、受けない場合よりもどれだけ売上、コスト、利益が変化するかを考えます。

・売上の変化

　注文を受けると、売上高は4,400,000円（＝2,200円/個×2,000個）増加します。

・コストの変化

　注文を受けても受けなくても、固定費製造間接費1,650,000円は変化しませんので、無関連原価です。変化するのは、変動費である、直接材料費

600,000円（＝300円/個×2,000個）、直接労務費660,000円（＝330円/個×2,000個）、製造間接費のうち変動費部分720,000円（＝360円/個×2,000個）です。あと忘れてはならないのは、生産能力を補強するための設備のリース代1,000,000円です。

　以上から、注文を受けると、2,980,000円コストが増加します。

・限界利益の算出
　限界利益の増加分1,420,000円
　　＝売上高の増加分4,400,000円−コストの増加分2,980,000円

　追加注文を受けた方が、限界利益が1,420,000円増加するので、設備を新たにリースしても追加注文を受けるべきです。

1-4 生き残りの意思決定

－存続させるか、廃止させるか

赤字の製品を作っている部門を廃止するかどうかの議論があったとしよう。あなたならどうする?

赤字なら、数字的には廃止した方がいいのではないでしょうか?

うん、普通はそう考えるね。でも、管理会計的に数字を見ると、そう言えるケースばかりではないんだよ。

存続と廃止の意思決定

　ある事業部を存続させるか、廃止するかの意思決定も、管理会計の考え方を取り入れると、一般的に考えるのと違う結論が出てくることがある問題の1つです。

　3種類の製品を3つのセグメントごとに生産・販売していて、あるセグメントが赤字の場合、赤字のセグメントを存続させた方がいいのか、廃止した方がいいのかを、次の例で考えてみましょう。

存続させるか、廃止させるか

　A社は、各事業部で製品X、Y、Zを生産し、販売しています。各事業部の損益計算書は、図の通りです。会社全体で発生する共通固定費6,000千円（建物と設備の減価償却費）は、各製品の販売数量に基づいて配賦しています。

　製品Zを生産、販売しているZ事業部が赤字のため、事業部の廃止が検討されています。Z事業部を存続させるべきか、廃止させるべきかについて検討してください。なお、事業部の廃止によって、他の製品の販売数量等には影響はありません。

図1-4-1　各事業部の損益計算書

(単位：千円)

X事業部

売上高	8,000
変動費	3,200
限界利益	4,800
個別固定費	800
共通固定費	1,000
営業損益	3,000

● 製品Xの販売数量4,000個

Y事業部

売上高	12,800
変動費	4,800
限界利益	8,000
個別固定費	1,200
共通固定費	2,000
営業損益	4,800

● 製品Yの販売数量8,000個

Z事業部

売上高	16,800
変動費	12,000
限界利益	4,800
個別固定費	2,000
共通固定費	3,000
営業損益	△200

● 製品Zの販売数量12,000個

X事業部とY事業部は黒字ですが、Z事業部は赤字です。

各事業部の損益計算書を見ると、Z事業部は営業損益が△200千円となっています。つまり赤字です。赤字の事業部を存続させておいては、会社全体とってもマイナスです。Z事業部は廃止して、黒字のX事業部とY事業部に特化して事業展開をした方が、会社にとってはプラスのような気がします。

しかし、管理会計の観点から考えると、Z事業部を存続させておいた方が、会社にとってはプラスの場合もあります。意思決定において大切なことは、意思決定によって影響を受けるコストと、影響を受けないコストは分けて考えることでした。

各事業部に配賦した共通固定費

3つの事業部を存続させたままの場合と、Z事業部を廃止してX事業部とY事業部の2事業部だけの場合の、会社全体の利益の変化を考えてみます。

会社全体の利益が高い方を選択することが、意思決定としては適切なはずです。赤字のZ事業部を廃止すると会社全体の利益が増えるような気がしますが、果たしてそうでしょうか？

ポイントは、各事業部に配賦した共通固定費の扱い方です。

この共通固定費は、会社全体で発生する建物や設備に対する減価償却費でした。減価償却費はコストであることには間違いありませんので、何らかの配賦基準によって各事業部に負担をしてもらっています。

今回は各製品の販売数量に基づいて、各事業部の損益計算書に計上されています。

- 全体の販売数量24,000個
  （製品X 4,000個＋製品Y 8,000個＋製品Z 12,000個）
- X事業部の共通固定費1,000千円
  ｛＝共通固定費6,000千円×（4,000個÷24,000個）｝
- Y事業部の共通固定費2,000千円
  ｛＝共通固定費6,000千円×（8,000個÷24,000個）｝
- Z事業部の共通固定費3,000千円
  ｛＝共通固定費6,000千円×（12,000個÷24,000個）｝

　各事業部に配賦された共通固定費は、Z事業部の存続か廃止かにかかわらず発生し続ける意思決定には影響を受けないコスト、つまり無関連原価です。

図1-4-2　Z事業部を存続した場合と廃止した場合の会社全体の損益計算書

（単位：千円）

存続した場合

売上高	37,600
変動費	20,000
限界利益	17,600
個別固定費	4,000
共通固定費	6,000
営業損益	7,600

X・Y・Z事業部の合計

廃止した場合

売上高	20,800
変動費	8,000
限界利益	12,800
個別固定費	2,000
共通固定費	6,000
営業損益	4,800

X・Y事業部の合計

両者の差額

売上高	16,800
変動費	12,000
限界利益	4,800
個別固定費	2,000
共通固定費	0
営業損益	2,800

存続をした場合、3つの全ての事業部の損益計算書を合計することになります。一方、廃止した場合は、X事業部とY事業部の損益計算書を合計します。ただし、廃止してもZ事業部に配賦された共通固定費3,000千円は発生し続けます。

　Z事業部を廃止すると、Z事業部の赤字200千円がなくなって、会社全体にプラスに働きそうです。ところが、図1-4-2を見てわかるように、Z事業部を廃止すると、営業利益が2,800千円減少してしまいます。

　その理由は、Z事業部に配賦された共通固定費3,000千円は、Z事業を廃止した場合も会社全体で発生しているコストなので無くならないからです。つまり、会社全体の共通固定費は、Z事業部を存続させても廃止させても、常に6,000千円のままです。

結果として、Z事業部を存続させた場合の方が会社全体の利益は高いので、Z事業部を存続させておいた方が良いことになります。

貢献利益

今回のケースでは、赤字のZ事業部を存続させておいた方が、会社全体の利益が高くなりました。でも通常の損益計算書の営業利益では、事業部の存続と廃止の意思決定の判断を誤る危険性があります。

では、何を基準に判断をしたら良いのでしょうか？

それは、管理会計固有の利益である、貢献利益です。

貢献利益（contribution profit）とは、限界利益から個別固定費を引いた利益のことです。個別固定費は事業部の活動に固有の固定費ですので管理可能ですが、共通固定費は事業部の活動を廃止しても発生する管理不能なコストです。事業部の管理可能なコストである個別固定費を限界利益から控除して、営業利益にどれだけ事業部が貢献したかを表すのが貢献利益です。

> | 用語解説 | **貢献利益**とは、限界利益から個別固定費を引いた利益のこと。 |
> | --- | --- |

ここに注意！

売上高から変動費を引いた利益のことを限界利益といいましたが、アメリカなどでは貢献利益と呼ぶこともあります。

売上高の変化に応じて、比例的に変化する変動的な利益の側面を強調した場合に限界利益という言葉を使い、貢献利益は固定費を回収してどれだけ利益獲得に貢献するかの側面を強調した場合に貢献利益という言葉を使うだけで、どちらも同じ利益だとする考え方もあります。

本書では、次のように両者を使い分けています。

限界利益＝売上高－変動費
貢献利益＝限界利益－個別固定費

貢献利益の考え方を加味した各事業部の損益計算書は、次のようになります。

繰り返しになりますが、事業部の存続と廃止の意思決定の判断基準は貢献利益です。図1-4-3を見てわかるようにZ事業部は営業損益こそ△200千円ですが、存続や廃止にかかわらず発生し続ける共通固定費を加味しない貢献利益が2,800千円ですので、それだけZ事業部として会社に貢献しているわけです。言い換えると、2,800千円だけ共通固定費の回収に貢献しているのです。

図1-4-3　貢献利益型の損益計算書

（単位：千円）

X事業部	
売上高	8,000
変動費	3,200
限界利益	4,800
個別固定費	800
貢献利益	4,000
共通固定費	1,000
営業損益	3,000

Y事業部	
売上高	12,800
変動費	4,800
限界利益	8,000
個別固定費	1,200
貢献利益	6,800
共通固定費	2,000
営業損益	4,800

Z事業部	
売上高	16,800
変動費	12,000
限界利益	4,800
個別固定費	2,000
貢献利益	2,800
共通固定費	3,000
営業損益	△200

事業部の存続と廃止の意思決定をする場合は、営業損益でなく貢献利益に着目します。営業損益△200千円のZ事業部も、事業部としては2,800千円を会社に貢献していることになります。

実務に役立つ知恵

　各事業部で管理することのできない共通固定費は、事業部の評価に含めるべきではありません。管理不能なコストを評価に加えてしまうと、その配賦の金額の大小によって、評価が変わってしまいます。

　本文のケースでは各製品の販売数量を、次ページの演習問題では売上高を、共通固定費の配賦の基準としています。他にも配賦の基準には、限界利益、人員数、使用面積など色々なものが考えられます。配賦の基準を何にするかで、配賦される金額は変わってしまいます。

　そもそも、絶対的な配賦の基準を設定するのは大変難しいことです。

　そこで、演習問題の解説パートにある図「意思決定に適した損益計算書」のように、共通固定費を各事業部に配賦せず、貢献利益で各事業部を評価し、全体の業績評価のために営業損益を出す損益計算書が実務上はよく使われます。

1-4 のまとめ

- 事業部の存続か廃止かにかかわらず発生し続ける無関連原価（各事業部に配賦された共通固定費）は、意思決定には考慮しない。
- 事業部を存続すべきか、廃止すべきかの意思決定においては、営業損益ではなく、貢献利益のプラスマイナスで判断する。

演習問題

　Y社は、各事業部で製品A、Bを生産し、販売しています。そして製品Aを生産、販売しているA事業部が赤字のため、事業部の廃止が検討されています。A事業部を存続させるべきか、廃止させるべきかを検討してください。

　各事業部の損益計算書は、以下の通りです。

各事業部の損益計算書

（単位：千円）

A事業部		B事業部	
売上高	6,000	売上高	4,000
変動費	4,800	変動費	2,000
限界利益	1,200	限界利益	2,000
個別固定費	900	個別固定費	1,000
共通固定費	600	共通固定費	400
営業損益	△300	営業損益	600

共通固定費1,000千円は、各事業部の売上高に基づいて配賦をしています。

解答

　A事業部を存続させた方が、貢献利益が300千円増加するので、A事業部を存続させるべき。

解説

存続か、廃止かの意思決定をしやすい損益計算書に作り変えてみましょう。

　A事業部は営業損益が△300千円ですので、廃止した方が良いように見えますが、共通固定費600千円は、事業部を廃止したからといって無くなるコストではありません。このケースでは、共通固定費を配賦する前の貢献利益で考える必要があります。

　共通固定費は各事業部で管理することができませんので、共通固定費を配賦した後の営業損益を意思決定の基準にすべきではありません。適切な意思決定をするためには、共通固定費を配する前の貢献利益で判断しなくてはなりません。

意思決定に適した損益計算書

Y社損益計算書 （単位：千円）

	A事業部	B事業部	全体
売上高	6,000	4,000	10,000
変動費	4,800	2,000	6,800
限界利益	1,200	2,000	3,200
個別固定費	900	1,000	1,900
貢献利益	300	1,000	1,300
共通固定費			1,000
営業損益			300

貢献利益に着目します。

　よって、A事業部を存続させた方が、貢献利益が300千円増加するので、存続させるべきなのです。

プロダクト・ミックスの 意思決定

– 組み合わせを考える?

ある会社で製品Aと製品Bを生産、販売しているとする。生産量に限りがあるとすると、どちらの製品をたくさん作ったらいいと思う?

生産した分が売れるとするなら、利益の高い方を中心に生産します。

そうだね。では、利益の高い製品を何個まで生産したらいいか、適切な生産量の組み合わせを考えてみよう。

プロダクト・ミックス(製品の組み合せ)の意思決定

　2種類の製品があるときに、どのようなバランスで生産するのか(プロダクト・ミックス)、また、どのようなバランスで販売するのか(セールス・ミックス)を考える際にも、管理会計の考え方が有効です。

　2種類の製品を生産・販売していて、販売や生産上にある制約がある場合、どちらの製品を優先した方がいいのかを、次の例で考えてみましょう。

販売上の制約条件がある場合の組み合わせ

　X事業部は、製品A、Bを生産し、販売しています。製品ごとの販売やコストに関するデータと損益計算書は次の通りです。どちらの製品をどのくらい生産、販売したら、利益が最大となるかを検討してください。ただし、市場の動向から、販売数量は両方の製品の合計で10,000個/月が限度だとします。

・製品A：販売価格100円/個、販売数量4,000個
　　　　：変動費50円/個、個別固定費40,000円、共通固定費40,000円
・製品B：販売価格80円/個、販売数量6,000個
　　　　：変動費40円/個、個別固定費60,000円、共通固定費40,000円

主要製品が2種類であるため、現状では、共通固定費を50％ずつで配賦しています。

図1-5-1　製品ごとの損益計算書

X事業部　損益計算書

（単位：千円）

	製品A	製品B	全体
売上高	400	480	880
変動費	200	240	440
限界利益	200	240	440
個別固定費	40	60	100
貢献利益	160	180	340
共通固定費	40	40	80
営業損益	120	140	260

単位あたりの貢献利益

製品ごとの損益計算書によると、製品Aの営業利益が120千円、製品Bの営業利益が140千円となっており、製品Bの方が利益が高くなっています。ただし、最適なプロダクト・ミックスを検討する意思決定の場面では、これまで同様に意思決定によって影響を受けるコストと、影響を受けないコストを区別することが重要です。

プロダクト・ミックスを考える上で、各製品に50％ずつ配賦されている共通固定費80千円は、意思決定には無関連原価、つまり埋没原価です。そこで、営業利益ではなく貢献利益で考える必要があります。

貢献利益で製品Aと製品Bを比較してみると、製品Aの貢献利益が160千円、製品Bの貢献利益が180千円で、貢献利益でも製品Bを生産した方が有利なようです。では、貢献利益の高い製品Bを10,000個/月生産した方がいいのでしょうか？

その判断も正しくありません。もう一歩、踏み込んで考える必要があります。

利益の出ている製品であれば、生産・販売数量が増えれば、貢献利益を増えていきます。生産・販売数量が製品Aの1.5倍ある製品Bの方が、貢献利益が高いのは当然です。そこで、最終的なプロダクト・ミックスを考えるには、貢献利益の絶対額ではなく、製品単位あたりの貢献利益の高低で比較しないと適切な判断ができません。

2つの製品の、単位あたりの貢献利益を計算してみましょう。

・製品Aの単位あたり貢献利益40円/個
　＝貢献利益160千円÷販売数量4,000個

・製品Bの単位あたり貢献利益30円/個
　＝貢献利益180千円÷販売数量6,000個

以上から、単位あたりの貢献利益は製品Aの方が高いことがわかります。結果として、製品Aを10,000個生産・販売した方が有利になります。

図1-5-2　製品Aを10,000個生産・販売した場合の損益計算書

製品A

（単位：千円）

売上高	1,000
変動費	500
限界利益	500
個別固定費	40
貢献利益	460
共通固定費	80
営業損益	380

・売上高1,000千円＝販売価格100円/個×販売数量10,000個
・変動費500千円＝単位あたり変動費50円/個×販売数量10,000個
・共通固定費80千円は、製品Bを生産・販売しないので、全て製品Aに加算

図1-5-2を見ると、製品Aと製品Bの両方を生産・販売している現状の営業利益260千円より、単位あたりの貢献利益の高い製品Aの生産・販売に特化した方が、営業利益380千円で高くなっていることがわかります。

機械稼働時間当たりの貢献利益

販売上の制約がある場合は、単位あたりの貢献利益で2つの製品を比較することが有効なことがわかりました。

では、生産上の制約があった場合は、何を意思決定の基準にしたらいいのでしょうか？

次の例で考えてみましょう。

生産上の制約条件がある場合の組み合わせ

　X事業部は製品A、Bを機械によって生産していますが、機械の稼働時間は20,000時間/月という制約があります。

　製品A、Bの1個に必要な機械稼働時間は、次の通りです。

> 機械稼働時間：製品A　4時間/個、製品B　2時間/個

　このような場合、どの製品をどのくらい生産するのがいいのでしょうか？

　考え方のポイントは、制約となる条件に関する単位あたりの貢献利益の高低を比較することです。貢献利益を最大化するために、制約のある希少な資源を有効に配分しなくてはなりません。このケースでは、機械稼働時間が制約条件ですので、機械稼働時間当たりの貢献利益が最大となる製品を生産すべきです。

> ・製品Aの機械稼働時間あたり貢献利益10円/時間
> 　＝単位当たり貢献利益40円÷機械稼働時間4時間
> ・製品Bの機械稼働時間あたり貢献利益15円/時間
> 　＝単位当たり貢献利益30円÷機械稼働時間2時間

　以上から、機械稼働時間あたりの貢献利益は製品Bの方が高いことがわかります。結果として、製品Bを10,000個（＝機械稼働時間20,000時間÷2時間/個）生産・販売した方が有利になります。

図1-5-3　製品Bを10,000個生産・販売した場合の損益計算書

製品B

（単位：千円）

売上高	800
変動費	400
限界利益	400
個別固定費	60
貢献利益	340
共通固定費	80
営業損益	260

・売上高800千円＝販売価格80円/個×販売数量10,000個
・変動費400千円＝単位あたり変動費40円/個×販売数量10,000個
・共通固定費80千円は、製品Aを生産・販売しないので、全て製品Bに加算

図1-5-3を見ると、機械稼働時間あたりの貢献利益の高い製品Bの生産・販売に特化した場合、営業利益260千円となっています。仮に販売数量が制約条件だったときのように、単位当たりの貢献利益が高かった製品Aに特化してしまうと、製品Aを1個生産するのに機械稼働時間4時間を必要とするので、5,000個（＝20,000時間／月÷4時間）しか生産できません。

　結果として、営業利益は次の計算のとおり、130千円となります。

> 営業利益130千円
> ＝売上高500千円－変動費250千円－個別固定費40千円－共通固定費80千円

1-5 のまとめ

・最適なプロダクト・ミックスを考える意思決定においては、販売数量が制約条件であれば、製品当たりの貢献利益の高いものを選択する。
・最適なプロダクト・ミックスを考える意思決定においては、機械稼働時間が制約条件であれば、機械稼働時間当たりの貢献利益の高いものを選択する。

演習問題

本文中の「生産上の制約条件がある場合の組み合わせ」のケース（P60参照）で、市場の動向から製品Bの販売数量が6,000個/月が限度だとした場合、最適なプロダクト・ミックスを検討してください。

解答

営業利益を最大化する最適なプロダクト・ミックスを実現するには、製品Aを2,000個、製品Bを6,000個、生産・販売すべき。

解説

一番の制約条件を見極めて、そこに注力しましょう。

まずは、機械稼働時間20,000時間/月が最大の制約条件ですので、希少な資源である機械稼働時間をいかに有効に配分するかです。そこで、本文中にもあった機械稼働時間あたりの貢献利益が高い製品Bに焦点をあてます。

製品Bの生産数量は、最大で10,000個/月（＝機械稼働時間20,000時間/月÷2時間/個）ですが、次の制約条件として、製品Bは市場の動向から6,000個/月しか販売することができません。差額4,000個/月（＝10,000個/月－6,000個/月）を生産する8,000時間を、製品Aの生産時間に当てれば、製品Aを2,000個/月（＝8,000時間/月÷4時間/個）生産・販売できます。

以上から、製品Aを2,000個/月、製品Bを6,000個、生産・販売することが、最適なプロダクト・ミックスです。

その際の損益計算書は、次のようになります。

最適なプロダクト・ミックスの損益計算

損益計算書

	製品A	製品B	全体	（単位：千円）
売上高	200	480	680	
変動費	100	240	340	
限界利益	100	240	340	
個別固定費	40	60	100	
貢献利益	60	180	240	
共通固定費			80	
営業損益			160	

製品Aを2,000個、製品Bを6,000個生産・販売することが、最適なプロダクト・ミックスです。

CVP 分析

〜コスト・販売量・利益の関係を考える〜

　　会社が短期の利益計画を立案するにあたって、来期、販売量がいくら増えたら、コストがどのくらい増えるのか、その結果として利益はどのように変化するのかを分析する必要があります。①コスト（Cost）、②販売量（Volume）、③利益（Profit）の相互関係を分析する手法を、CVP分析といいます。CVP分析の中心となる手法が、損益分岐点（Break Even Point）分析です。

　　第2章では、損益分岐点の考え方と、その応用として状況が変化した時に損益分岐点をシュミレーションする方法を解説します。

損益分岐点の分析

−利益と損失の分かれ目を知る

来月の予想の損益計算書は作成できたかい？

はい、作ってみました。今月と同様に、営業利益が見込めそうです。

上手くいった場合のベストケースだけでなく、上手くいかなかくて利益がゼロの場合のワーストケースも考えておいた方がいいんじゃないかな。

最低限、いくら売ればいいのかを考えるのですね！

利益が出る最低ライン

　ここでは利益がゼロの時、つまり売上高＝費用の時の売上高の求め方を見ていきます。次のような損益計算書をもとに、利益がゼロの時の売上高の算出方法を確認しましょう。

▼ A部門の損益計算書

（単位：千円）

売上高	1,000	
売上原価	500	←売上に応じて変化する変動費とする
売上総利益	500	
販売費及び一般管理費		
広告宣伝費	100	←売上に応じて変化する変動費とする
人件費	180	←売上に応じて変化しない固定費とする
地代家賃	120	←売上に応じて変化しない固定費とする
	400	
営業利益	100	

営利を目的とする会社である以上、利益を確保する必要があります。会社の利益の状態は次の3つが考えられます。

> 売上高 > 費用：利益がプラスの状態（黒字）
> 売上高 = 費用：利益がゼロ
> 売上高 < 費用：利益がマイナスの状態（赤字）

ということは、会社には少なくとも費用と同額以上の売上高が必要になります。売上高 = 費用となる点（赤字と黒字を分ける境目の点）が、**損益分岐点（BEP, Break Even Point）**です。その時の売上高を、**損益分岐点売上高**といいます。

用語解説	損益分岐点売上高とは、利益がゼロ（つまり、売上 = 費用）の時の売上高のこと。

次の2つのステップで、損益分岐点売上高を分析することができます。

> Step 1：損益計算書の費用項目を変動費と固定費に分類・集計する
> Step 2：売上 = 費用の構造を活用する

では、A部門の損益分岐点を計算してみましょう。

Step 1　損益計算書の費用項目を変動費と固定費に分類・集計する

資料によると、変動費600千円（= 売上原価500千円 + 広告宣伝費100千円）、また固定費300千円（= 人件費180千円 + 地代家賃120千円）と分類・集計できます。

変動費は、売上高の変化に応じて一定の割合で増えていく費用でした。A部門の場合、変動費は0.6（= 変動費600千円 ÷ 売上高1,000千円）の割合で増えていきます。この0.6を、**変動費率**といいます。例えば、売上高が2倍の2,000千円に増加としたとすると、変動費1,200千円（= 変動費率0.6 × 売上高2,000千円）となります。

一方、固定費は売上高の変化に関わらず一定額発生する費用でしたので、固定費は売上高が増減したとしても300千円のままです。

Step 2　売上＝費用の構造を活用する

　損益計算書上、利益がゼロだとすると、【売上高＝費用】の関係が成り立ちます。Step 1で費用を変動費と固定費に分解しましたので、売上高と費用の関係は次の式で表せます。

売上高＝変動費＋固定費

　さらに、変動費は売上高の変化に応じて一定の割合で増えていく費用でしたので、売上高をX円とすると、次のような式に書き換えることができます。

売上高X円＝変動費率0.6×売上高X円＋固定費300千円
⇒⇒　損益分岐点の売上高X＝750千円

　この算式の関係を図示してみましょう。図2-1-1を、**損益分岐図表**といいます。損益分岐図表は、売上高の変化に応じて費用や利益がどのように変化するのかを表しています。

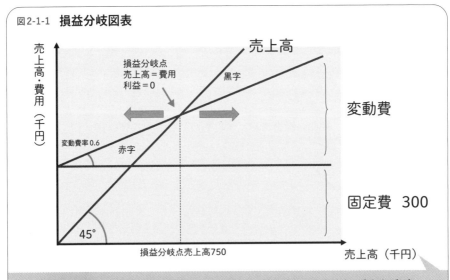

図2-1-1　**損益分岐図表**

【利益＝0】の点が損益分岐点（BEP）です。損益分岐点売上高よりもたくさん売れれば、売上高の方が総費用より大きいので黒字に。損益分岐点売上高より売れなければ、総費用の方が売上高より大きいので赤字になります。

　本文では、営業利益がゼロの時の損益分岐点を分析しましたが、企業全体の損益分岐点を検討したい場合、経常利益がゼロの損益分岐点を分析することもあります。本来、営業外収益と営業外費用は販売量（Volume）と直接的に関係するものではありませんが、経常利益ベースで損益分岐点を分析する場合、営業外収益と営業外費用をどのように考えたらいいでしょうか？

　営業外収益と費用の扱いは、便宜的に次の2つの方法で処理します。

①営業外収益をマイナスの固定費として、営業外費用を固定費として計上する方法

②営業外収益を売上高に計上し、営業外費用を固定費として計上する方法

　なお、②の方法だと変動費率が変わってしまうので、実務では①の方法が一般的です。

在庫がある場合の損益分岐図表

　損益分岐点の分析はわかりやすい手法ですので、実務的にもよく利用されます。ただし、損益分岐点の分析は、生産した製品を全て売る（生産量＝販売量）という前提の上に成り立っているので注意が必要です。ところが、実際の仕事の現場では、生産量と販売量が等しいということはなかなか起こりません。通常は、生産した一部は売り切れずに在庫として残ります。

　では、一部が在庫として残った場合、損益分岐点はどのようになるでしょうか？

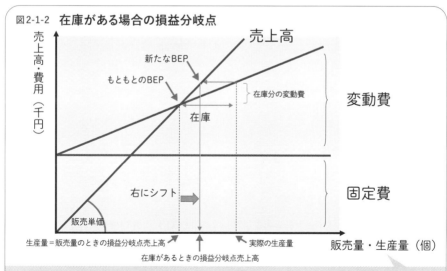

図2-1-2　**在庫がある場合の損益分岐点**

在庫の分の変動費だけ費用総額が増えますので、その分をカバーするだけ損益分岐点の売上高は右にシフトします。

図2-1-2を見てください（数量で在庫を考えるために、横軸を販売量と生産量にしています）。

　生産量が販売量より多い場合、固定費は生産量に関係なく一定ですが、在庫となる分だけ変動費が増えます。つまり、生産量と販売量が等しいときより、費用総額が増えますので、在庫があるときの損益分岐点売上高は必ず右側に移行します。そして在庫がある場合は、利益をプラスにするには、もともとの損益分岐点売上高より大きな売上高が必要になります。

2-1 のまとめ

- ・利益がゼロの時の売上高を、損益分岐点売上高という。
- ・損益分岐点は、次の2つのステップで考える。
  Step 1：損益計算書の費用項目を変動費と固定費に分類・集計する
  Step 2：売上＝費用の構造を活用する

演習問題

製造業であるＡ社は、次年度、製品Ｂを1,000円/個で販売する予定です。

製造原価の内訳は、原材料費50円/個、加工費250円/個（ともに変動費）です。その他、販売費100円/個（変動費）、一般管理費3,000,000円（固定費）が発生します。

損益分岐点の販売数量は、何個になりますか？

解答

損益分岐点の販売数量は5,000個。

解説

数量ベースの損益分岐点を求めてみましょう。

以下2つの考え方で、損益分岐点を算出してます。

・考え方1

本文と同様に損益分岐点売上高を求めて、損益分岐点の時の販売数量に置き換える。

変動費率0.4（＝変動費400円/個÷販売価格1,000円/個）

固定費3,000,000円

売上高X円＝変動費率0.4×売上高X円＋固定費3,000,000円

＝5,000,000円

販売数量5,000個＝売上高5,000,000円÷販売価格1,000円/個

・考え方2

初めから数量ベースで考え、損益分岐点販売数量を求める。

販売価格1,000円/個×販売数量Y個＝変動費400円/個×販売数量Y個＋固定費3,000,000円

販売数量Y＝5,000個

安全余裕率

－どのくらい売上が落ちたら赤字になるのか

A社とB社の売上高がどちらも同じだった場合、何を基準にどちらを安定した会社だと判断すればいいと思う？

売上高だけが同じだとしても、どちらの利益が大きいかを見ないと判断できないと思います。

そうだね。では、A社もB社も同じ営業利益だとしたらどうする？

経営の安定度の違い

　同額の売上高で同額の営業利益の会社が2社あったとして、どちらの会社も経営の安定度は変わらないのでしょうか？

　同額の売上高や営業利益であっても、費用の構成が異なると経営の安定度は異なります。次の「A社とB社の損益計算書」をもとに、経営の安定度の違いを検討してみましょう。

▼ 変動費型と固定費型

A社の損益計算書	（単位：千円）
売上高	10,000
変動費	6,000
固定費	2,000
営業利益	2,000

B社の損益計算書	（単位：千円）
売上高	10,000
変動費	2,000
固定費	6,000
営業利益	2,000

　A社とB社は売上高、費用総額（変動費＋固定費）、営業利益が同じ金額ですが、費用総額の内訳が違います。ここでは、A社は変動費の割合が多いので変

動費型、B社は固定費の割合が多いので固定費型と呼ぶことにします。

　変動費型のA社と固定費型のB社の損益分岐点売上高は、どちらが大きいのか計算してみましょう。

> A社：損益分岐点売上高X
> 　　＝変動費率0.6（変動費6,000÷売上高10,000）×売上高X＋固定費2,000
> 　　＝5,000（千円）
> B社：損益分岐点売上高Y
> 　　＝変動費率0.2（変動費2,000÷売上高10,000）×売上高Y＋固定費6,000
> 　　＝7,500（千円）

　損益分岐点売上高を計算してみると、変動費型のA社の方が、損益分岐点売上高が小さいことがわかります。ということは、A社はB社よりも、実際の売上高が損益分岐点売上高を大幅に超えていると言えます。

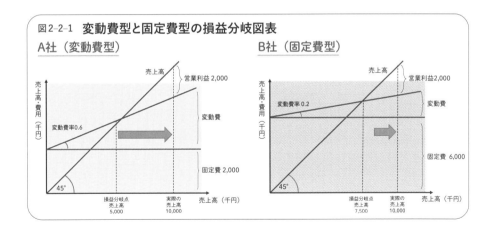

図2-2-1　**変動費型と固定費型の損益分岐図表**

　実際の売上高と損益分岐点売上高との距離に乖離があるほど、もし売上高が低下したとしても赤字になりにくい、つまり利益の安定度が高いというわけです。

　変動費型のA社と固定費型のB社を比較すると、実際の売上高と損益分岐点売上高の距離の乖離が大きいのはA社です。よって、変動費型のA社の方が、固定費型のB社より利益の安定度が高いと言えます。

変動費型の方が利益の安定度が高い、という話でした。では、変動費型と固定費型を比べた場合、常に変動費型の会社の方が利益を生みやすいのでしょうか?

変動費型の損益分岐点売上高が固定費型に比べて小さいということは、黒字化しやすい(赤字になりにくい)ということです。その一方、固定費型は黒字化に時間がかかる(赤字になりやすい)ということでもあります。

では、損益分岐点売上高を超えてからはどうでしょう?

同じ営業利益2,000千円を獲得するスピードを考えてみましょう、

変動費型は、損益分岐点売上高と実際の売上高との距離に乖離があるため、営業利益2,000千円の獲得に時間がかかります。その一方で、固定費型は損益分岐点売上高と実際の売上高との距離の乖離が小さいため、すぐに営業利益2,000千円を獲得できます。

つまり、変動費型はローリスク・ローリターン型、固定費型はハイリスク・ハイリターン型とも言えるわけです。先行き不透明で売上高の変動が激しいことが予想されるのであれば、変動費型の方が好ましいでしょうし、今後の成長率が高いことが予想されるのであれば、固定費型の方が好ましいでしょう。

まさに経営状況次第、ケースバイケースです。

安全余裕率

実際の売上高を基準として、損益分岐点売上高がどれだけ乖離しているかを示す指標に、**安全余裕率**(M/S比率, margin of safety ratio)があります。

安全余裕率は、次のように計算します。

安全余裕率%
= {(実際売上高 − 損益分岐点売上高)÷実際売上高}× 100

用語解説 安全余裕率は、実際の売上高と損益分岐点売上高の乖離を示す指標のこと。

安全余裕率が高ければ、それだけ乖離が大きいので利益の安定度が高く、逆に低ければ、それだけ乖離が小さいので安定度が低いことを意味します。

変動費のA社と固定費のB社の安全余裕率を計算してみると、次のようになります(単位:千円)。

A社：安全余裕率 ＝ {（売上高 10,000 － 損益分岐点の売上高 5,000）÷ 売上高 10,000} × 100 ＝ 50%

B社：安全余裕率 ＝ {（売上高 10,000 － 損益分岐点の売上高 7,500）÷ 売上高 10,000} × 100 ＝ 25%

　計算の結果、変動費型のA社の方が固定費型のB社よりも安全余裕率が高いので、利益の安定度は高いと言えます。

　ところで、安全余裕率50％とは、直感的に理解しようとするとどのようなことが言えるでしょうか？

　安全余裕率50％とは、現状の売上高が50％減少すると利益が0になることを意味しています。つまり、A社は50％超、B社は25％超の売上高の減少があると赤字になってしまうということです。

実務に役立つ知恵

　利益の安定度を判断するに当たって、安全余裕率がどのくらいの水準なら良いのか（悪いのか）を知っておくと、安全余裕率の活用度が高まります。一般的には、次のように判断します。

10%未満：危険領域、要改善
10〜20%未満：平均的な水準
20〜30%未満：良
30%〜：優良

損益分岐点比率

　実際の売上高と損益分岐点売上高の乖離を示す指標に、安全余裕率がありました。そして、似た指標にはもう1つ、損益分岐点比率があります。**損益分岐点比率**は、実際の売上高に対する損益分岐点売上高を示す指標です。

　損益分岐点比率は、次のように計算します。

損益分岐点比率% ＝ （損益分岐点売上高 ÷ 実際の売上高）× 100

用語解説　損益分岐点比率は、実際の売上高に対する損益分岐点売上高の割合を示す指標のこと。

　安全余裕率と損益分岐点比率は、どちらも実際の売上高と損益分岐点売上高

の関係を表した指標です。2つの指標はどのような関係にあるのでしょうか?

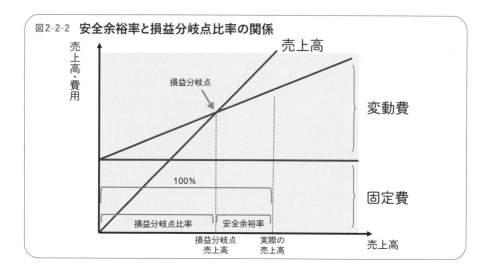

図2-2-2 **安全余裕率と損益分岐点比率の関係**

図2-2-2を見てわかるように、損益分岐点比率と安全余裕率の和は常に100%となります。つまり、変動費型のA社(安全余裕率50%)の損益分岐点比率は50%、固定費型のB社(安全余裕率25%)の損益分岐点比率は75%となります。

> 損益分岐点比率＋安全余裕率＝100%

2つの指標は補数の関係にありますので、どちらかで会社の利益の安定度を判断できれば問題はありません。新聞やビジネス雑誌の記事などでは損益分岐点比率がよく使われていますが、現場では、あと何%と売上高が落ちたら赤字になってしまうかを表す安全余裕率を判断の指標とすることが多いです。

2-2 のまとめ

- 実際の売上高と損益分岐点売上高の乖離を示す指標を、安全余裕率という。
- 安全余裕率が高ければ利益の安定度が高く、低ければ安定度は低い。
- 実際の売上高に対する損益分岐点売上高の割合を示す指標を、損益分岐点比率という。
- 損益分岐点比率＋安全余裕率＝100%

演習問題

　　小売業であるＡ社は、来月、商品Ｃ（1,000円/個）を10,000個販売する予定です。売上原価は500円/個、販売費100円/個（変動費）、一般管理費3,000,000円（固定費）が発生します。Ａ社の来月の安全余裕率は、何％となりますか？

解答

　　安全余裕率は25％となる。

解説

　　実際の売上高でなく計画の販売数量でも、基本的に安全余裕率の考え方は同様です。

　　計画の販売数量と損益分岐点の販売数量の乖離を求めてみましょう。

　　まず、損益分岐点の販売数量を求めます。

販売価格1,000円/個×販売数量Ｘ個＝変動費600円/個×販売数量Ｘ個＋固定費3,000,000円
販売数量Ｘ＝7,500個

　　次に、安全余裕率を求めます。

安全余裕率％＝｛（計画の販売数量10,000個－損益分岐点の販売数量7,500個）÷計画の販売数量10,000個｝×100＝25％

コロナ禍で問われる日本企業の危機耐性力

損益分岐点売上高より、実際の売上高の方が大きければ大きいほど、企業は利益を出しやすい収益構造（危機への耐性が強い）だと言えます。その乖離を示す指標の1つに、損益分岐点比率（＝損益分岐点売上高÷実際の売上高）がありました。

近年の日本の上場企業の損益分岐点比率の推移を見ると、リーマン・ショック時の2009年3月期の88％をピークに、景気の回復による売上拡大や企業努力によるコスト削減で2018年3月期まで低下（危機への耐性が強まる）傾向にありました。しかし、コロナ禍で売上の急激な落ち込みにコスト削減の対応が追いつかず、損益分岐点比率が78％と前期より4ポイント上昇（危機への耐性が低下）しました。

特に、設備や人件費などの固定費の割合が多い、空輸、鉄鋼、外食などの業種は損益分岐点比率が90％を超えています。これは今後、売上高が10％減少すると赤字に陥ってしまう状況を意味しています。

損益分岐点売上高を低めて、危機耐性を高めるには、①収益力を高める、②固定費を削減する、の2つしか打つ手はありません。こうした危機耐性の弱い業種では、コロナ禍で売上の増加が見込みにくい中、今後、店舗・事務所の削減、家賃・人件費の削減など、急速にコスト削減の動きが強まっていくことが予想されます。

固定費と変動費の
シミュレーション

－前提条件が変わったらどうなるのか

損益分岐点の考え方はわかったかい？

はい、損益分岐点が示すのは「売上高＝費用」の売上高ですから、変動費と固定費をきっちりと集計すれば大丈夫です。

いいね。それじゃあ、集計した変動費や固定費が変化した場合は、どのように考えたらいいと思う？

変動費と固定費の変化

損益分岐点売上高の最初のステップは、損益計算書の費用項目を変動費と固定費に分類・集計することでした。では、来期の損益分岐点売上高を分析しようとしたときに、今期よりも変動費や固定費が増減したとすると、損益分岐点売上高はどう動くでしょうか？

次の損益計算書をもとに検討しましょう。

▼ 費用の変化によるシミュレーション

C社の今期の損益計算書

損益計算書	（単位：千円）
売上高	2,000
変動費	1,000
限界利益	1,000
固定費	600
営業利益	400

来期、費用構造の変化について、次のように予想されます。それぞれのケースで、損益分岐点売上高はどのように変化するでしょうか？

ケース1：固定費が200千円増加した場合
ケース2：変動費が200千円増加した場合
ケース3：固定費が200千円、変動費が200千円増加した場合

まずは、現状の損益分岐点売上高を計算してみましょう。

Step 1　損益計算書の費用項目を変動費と固定費に分類・集計する

　資料によると、変動費は1,000千円、変動費率0.5（＝変動費1,000千円÷売上高2,000千円）、固定費は600千円です。

Step 2　売上＝費用の構造を活用する

損益分岐点売上高＝変動費＋固定費
損益分岐点売上高X円＝変動費率0.5×売上高X円＋固定費600千円

　以上から、損益分岐点売上高X＝1,200千円となります。
　来期、変動費や固定費が増減する場合、損益分岐点売上高をどのように計算したら良いかで一瞬迷いますが、恐れるに足りません。常に、「Step2　売上＝費用の構造」を活用すればいいのです。

■ ケース1：固定費が200千円増加した場合

　オフィスの需要が高まっているなどの理由で、事務所の家賃が200千円増加するような場合をイメージしてください。固定費が200千円増加しますが、変動費の変化はありませんので変動費率は0.5のままです。

損益分岐点売上高X円
　＝変動費率0.5×売上高X円＋固定費600千円＋200千円＝1,600千円

　来期、固定費が200千円増加すると、損益分岐点売上高は1,200千円から1,600千円に増加します。注意してほしいのは、固定費が200千円増加したから売上高も200千円増加すればいいわけではないことです。あくまでも、固定費を回収するのは限界利益なのです。
　ケース1では、回収しなくてはならない固定費が大きくなっていますので、回収速度がそれだけ鈍化しているのです。

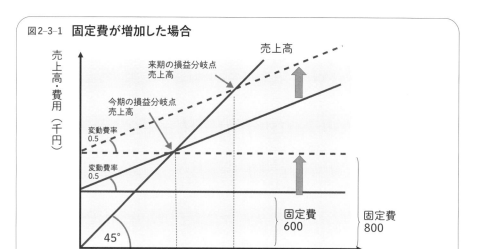

図2-3-1 **固定費が増加した場合**

売上高・費用（千円）

売上高

来期の損益分岐点
売上高

今期の損益分岐点
売上高

変動費率
0.5

変動費率
0.5

45°

固定費
600

固定費
800

1,200 ➡ 1,600

売上高（千円）

固定費が600千円から800千円に増加すると、変動費率0.5は変わりませんが、費用総額が200千円増加します。その結果、損益分岐点売上高は右にシフトして、1,200千円から1,600千円に増加します。

■ ケース2：変動費が200千円増加した場合

　原材料の値上がりなどの理由で、製造原価が200千円増加するような場合をイメージしてください。変動費が200千円増加し1,200千円となりますので、変動費率が0.6（＝変動費1,200千円÷売上高2,000千円）、固定費の変化はありません。

損益分岐点売上高X円＝変動費率0.6×売上高X円＋固定費600千円
　　　　　　　　　　＝1,500千円

　来期、変動費が200千円増加すると、損益分岐点売上高は1,200千円から1,500千円に増加します。注意してほしいのは、変動費が200千円増加したから売上高も200千円増加すればいいわけではないことです。あくまでも、固定費を回収するのは限界利益なのです。ケース2では限界利益率0.5（＝1－変動費率0.5）が0.4（＝1－変動費率0.6）に悪化していますので、回収速度がそれだけ鈍化しているのです。

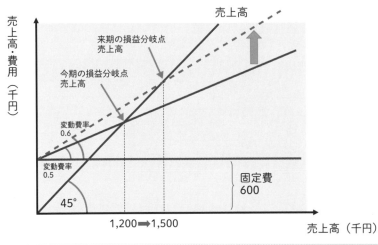

図2-3-2 **変動費が増加した場合**

売上高・費用（千円）

売上高

来期の損益分岐点
売上高

今期の損益分岐点
売上高

変動費率
0.6

変動費率
0.5

固定費
600

45°

1,200➡1,500

売上高（千円）

変動費が1,000千円から1,200千円に増加すると、変動費率0.6となり、費用総額が200千円増加します。その結果、損益分岐点売上高は右にシフトして1,200千円から1,500千円に増加します。

■ ケース3：固定費が200千円、変動費が200千円増加した場合

ケース1とケース2が同時に起きた場合をイメージしてください。固定費が200千円増加します。さらに、変動費が200千円増加し1,200千円となりますので変動費率が0.6（＝変動費1,200千円÷売上高2,000千円）に上昇します。

損益分岐点売上高X円＝変動費率0.6×売上高X円＋固定費600千円
＋200千円＝2,000千円

来期、固定費が200千円、変動費が200千円増加すると、損益分岐点売上高は1,200千円から2,000千円に増加します。注意してほしいのは、固定費が200千円、変動費が200千円増加したから、売上高も400千円増加すればいいわけではないことです。あくまでも、固定費を回収するのは限界利益なのです。

ケース3では、回収しなくてはいけない固定費が増加し、さらに限界利益率が0.5（＝1－変動費率0.5）から0.4（＝1－変動費率0.6）に悪化していますので、回収速度が二重に鈍化しているのです。

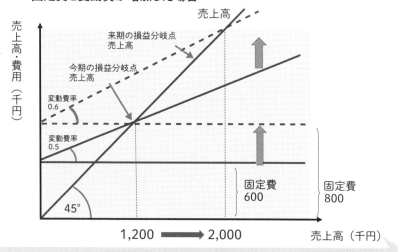

図2-3-3　固定費と変動費が増加した場合

売上高・費用（千円）

来期の損益分岐点
売上高

今期の損益分岐点
売上高

変動費率
0.6

変動費率
0.5

45°

固定費
600

固定費
800

1,200 ➡ 2,000　　売上高（千円）

固定費が600千円から800千円に増加し、変動費率も0.5から0.6に上昇すると、費用総額が400千円増加します。その結果、損益分岐点売上高は右にシフトして、1,200千円から2,000千円に増加します。

2-3 のまとめ

- 固定費の増減があった場合の損益分岐点売上高の計算は、既存の固定費に固定費の増減を加減算して、「Step2 売上＝費用の構造を活用する」の内容を活用しすればよい。
- 変動費の増減があった場合の損益分岐点売上高の計算は、新たに変動費率を計算し、新たな変動費率を使って、「Step2 売上＝費用の構造を活用する」の内容を活用すればよい。

演習問題

2-3で登場した「C社の今期の損益計算書」（P79参照）をもとにして、来期、費用構造の変化が以下のように予想されるとします。

変動費が200千円増加する見込みなので、固定費を200千円削減する

はたして、変動費の増加を固定費の削減でカバーできるのでしょうか？

解答

現在の損益分岐点売上高1,200千円を、費用の増減後の損益分岐点売上高1,000千円が下回るので、変動費の増加を固定費の削減でカバーできます。

解説

費用の増減にかかわらず、「Step2　売上＝費用の構造を活用する」の内容を活用しましょう。

損益分岐点売上高X円＝変動費率0.6×売上高X円＋固定費600千円 –200千円＝1,000千円

現在の損益分岐点売上高1,200千円を、費用の増減後の損益分岐点売上高1,000千円がわずかに下回るので、変動費の増加を固定費の削減でカバーできることになります。

売上予算のシミュレーション

‐ 来期はどれだけ売ればいいのか

来期の費用の増減をシミュレーションすることでも、損益分岐点を求められるようになりました。でも、会社としては利益がゼロじゃ困りますよね?

もちろん、来期はこれくらい利益が必要だという目標がある。そして、その目標利益を加味した売上高も、損益分岐点の考え方で求められるんだよ。

損益分岐点売上高の計算は「売上高＝費用の構造」でしたよね。それでも、求められるんですか?

目標利益を含んだ売上高

　2–3までは「売上高＝費用の構造」を活用して、利益がゼロの時の損益分岐点売上高を計算してきました。ここでは、一定の目標利益を獲得するための売上高をどのように算出したらいいのかを、次の予想損益計算書をもとに考えていきましょう。

▼黒字化のためのシミュレーション

D社の来期の予想損益計算書
損益計算書 （単位：千円）

売上高	1,000
変動費	600
限界利益	400
固定費	500
営業損益	△100

　来期の予想損益計算書を作成したところ、このままでは100千円の赤字になりそうです。100千円の黒字にするためには、いくらの売上高が必要でしょ

うか？

　まずは、現状の予想損益分岐点売上高を計算してみましょう。

Step 1　損益計算書の費用項目を変動費と固定費に分類・集計する

　変動費は600千円、変動費率0.6（＝変動費600千円÷売上高1,000千円）、固定費は500千円です。

Step 2　売上＝費用の構造を活用する

損益分岐点売上高X円＝変動費率0.6×売上高X円＋固定費500千円

　以上のことから、損益分岐点売上高X＝1,250千円となり、売上高が1,250千円超えると黒字化することがわかります。

　では、目標とする100千円の利益を獲得するための売上高は、どのように計算したらよいでしょうか？

　これまで、私たちは損益計算書をもとに損益分岐点売上高を計算してきました。損益計算書の構造を思い出してみましょう。

　損益計算書は、「売上高－費用＝利益」という構造です。書き換えると、「売上高＝費用＋利益」となります。実は、損益分岐点売上高の「売上＝費用の構造」は、損益計算書の「売上高＝費用＋利益」の利益がゼロの場合を取り上げただけだったのです。つまり、目標利益を含んだ売上高の算出は、原点に返って「売上高＝費用＋利益」を活用すればいいのです。

目標利益を含んだ売上高＝変動費＋固定費＋目標利益

　D社の来期の予想損益計算書から、目標利益100千円を含んだ売上高を計算してみましょう。

目標利益を含んだ売上高X円＝変動費率0.6×売上高X円＋固定費500千円＋目標利益100千円
⇒⇒目標利益を含んだ売上高X＝1,500千円

本当に合っているのか確認するために、目標利益を含んだ売上高1,500千円の場合の損益計算書を作成すると、次のようになります。

▼ 目標利益を達成したシミュレーション

D社の来期の目標利益を含んだ予想損益計算書

損益計算書	（単位：千円）
売上高	1,500
変動費	900
限界利益	600
固定費	500
営業損益	100

　変動費率0.6でしたので、変動費は900千円（＝0.6×売上高1,500千円）、固定費は変化しませんので500千円のままです。
　損益分岐点に関して書籍やインターネットで調べると、目標利益を含んだ売上高を求めるために次のような公式が出ていることがあります。

$$目標利益売上高 = \frac{固定費＋目標利益}{1 - \dfrac{変動費}{売上高}}$$

　分数の中に分数が入っていて、少しびっくりします。
　ただ、この公式は損益計算書の基本構造である「目標利益を含んだ売上高＝変動費＋固定費＋目標利益」を変形させただけですので、この公式を覚えるというよりは、基本に忠実に、損益計算書の基本構造から展開して行くやり方の方が、応用がきくはずです。

目標利益率を達成する売上高

　目標利益の額を設定して来期の売上高を検討しましたが、目標を利益の額ではなく利益率に置く会社もあります。ここでは目標利益率も含む売上高の算出について、D社の来期の予想損益計算書を使って検討してみましょう。
　目標利益率を含む売上高の算出も、損益計算書の基本構造を活用すれば恐れ

るに足りません。

「売上高＝費用＋利益」を展開してみると、次のようになります。

売上高＝変動費＋固定費＋利益
売上高＝変動費率×売上高＋固定費＋利益率×売上高

算式の最後の「利益率×売上高」がわかり難いですが、仮に利益率を10％、売上高を100円として考えてみると、利益の額は10円（＝利益率0.1×売上高100円）ということです。

D社の来期の目標利益率が15％とすると、必要な売上高は次のようになります。

目標利益率の売上高X円＝変動費率0.6×売上高X円＋固定費500千円＋目標利益率0.15×売上高X円
⇒⇒目標利益率の売上高X＝2,000千円

値下げによる売上高アップ

D社では、来期の予想売上高1,000千円は、販売価格10,000円の商品を100社に提供する予定で予算を組んでいたとしましょう。このままの状態では100千円の赤字になってしまいます。そこでD社では、目標利益100千円を達成するために値下げによる売上高アップの戦略を取ろうとしています。

思い切って販売価格を7,500円に下げれば、競合他社より優位性が高まり、現在の倍の200社に商品を提供できるのではないかと考えたのですが、この戦略は正しいでしょうか？

▼D社の値下げ戦略

D社の来期の予想損益計算書 損益計算書	（単位：千円）	値下げ戦略実施後の間違った予想損益計算書 損益計算書	（単位：千円）
売上高	1,000	売上高	1,500
変動費	600	変動費	900
限界利益	400	限界利益	600
固定費	500	固定費	500
営業損益	△100	営業損益	100

値下げ戦略実施の予想の損益計算書を見ると、売上高が1,500千円（＝販売価格7,500円×200社）に上昇し、目標利益100千円を達成しています。一見すると、この戦略は正しいように思えます。しかし、この損益計算書には決定的な誤りがあります。それは変動費の金額900千円（＝変動費率0.6×売上高1,500千円）です。

　確かに、変動費は売り上げに応じて比例的に変わっていく費用ですが、変動費率0.6はどのように求めたかを考えてみてください。
　次のように求めたはずです。

変動費率0.6＝変動費600千円÷売上高1,000千円

　ただこれは、前提となる売上高1,000千円の販売価格10,000円が基準となっています。
　変動費率を単位当たりで求めてみると、次のようになります。

変動費率0.6＝単位当たり変動費6,000円／個÷販売価格10,000円／個

　来期の戦略として販売価格を値引きするわけですので、変動費率が変わってしまうのです。
　値引きした後の変動費率は、次のようになります。

変動費率0.8＝単位当たり変動費6,000千円／個÷値引き後販売価格7,500円／個

　つまり本来は、この変動費率0.8を使って、予想の損益計算書を作成しなければならなかったのです。

▼D社の値下げ戦略の本当の結果

間違った損益計算書（単位：千円）		正しい損益計算書 （単位：千円）	
売上高	1,500	売上高	1,500
変動費	900	変動費	1,200
限界利益	600	限界利益	300
固定費	500	固定費	500
営業損益	100	営業損益	△200

＊変動費1,200千円＝変動費率0.8×売上高1,500千円

　値下げによって2倍に客数が増加し、売上高が大幅に増加したとしても、赤字を解消するどころか、赤字を拡大する結果になっています。つまり、値下げによる売上高アップの戦略は失敗です。

　値下げした場合の損益分岐点売上高を計算してみると、黒字化が難しくなることがよくわかります。

損益分岐点売上高X円＝変動費率0.8×売上高X円＋固定費500千円
⇒⇒損益分岐点売上高X円＝2,500千円

　値下げ前の損益分岐点売上高は1,250千円だったにもかかわらず、値下げ後は2,500千円と、大幅に損益分岐点売上高が引き上がってしまいます。

<table>
<tr><td rowspan="2">実務に役立つ知恵</td><td>　損益分岐点分析はわかりやすい手法で、理解しやすい利点があります。そのため、多くの会社で使われる分析手法の1つです。その一方で、いくつかの前提の上に成り立っている手法でもあります。次のような前提を理解しながら、実務では活用する必要があります。</td><td>・販売数量にかかわらず、販売価格が一定である（本節の値引きのケースなど）
・生産数量と販売数量が同じである（2-1の在庫がある場合）
・費用項目は、正確に変動費と固定費に分類できる（第3章に出てくるような手法）</td></tr>
</table>

　多くの業界で、値下げによる販売が恒常化していますが、値下げをした以上に販売数量が増えないと元の売上高にはなりません。D社の場合、販売価格10,000円から7,500円と25％の値下げでしたが、販売価格7,500円で売上高が1,000千円を計上するには、客数が約133社（≒1,000千円÷7,500円）に増える必要があります。さらに利益を出すためには、客数が約333社（≒値引き後の損益分岐点売上高2,500千円÷7,500円）に増えなければなりません。

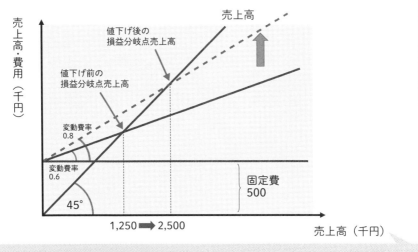

図2-4-1　値下げ前と値下げ後の損益分岐点

値上げをすることで変動費率が高まったということは、限界利益率が0.4（＝売上高1−変動費率0.6）から0.2（売上高1−変動費率0.8）に悪化してしまうため、固定費の回収速度が急速に遅くなるわけです。

　　　このように、値下げは大幅な客数の増加が見込める場合でないと、真綿で首を絞めるように会社を痛めつけてしまう戦略でもあります。

2-4 のまとめ

・目標利益を含んだ売上高の計算には、損益計算書の基本構造である「売上＝費用＋利益の構造」を活用すればよい。

・目標利益率を達成する売上高の計算にも、損益計算書の基本構造である「売上＝費用＋利益の構造」を活用すればよい。

・値下げによる売上高アップの戦略は、大幅な販売数量の増加が必要になる。

演習問題

　「D社の予想の損益計算書」（P85参照）を前提に、以下のような条件が変化する場合の売上高を計算してください。

- ・固定費が100千円増加する見込みなので、変動費を100千円削減する予定である
- ・200千円を目標利益とする

解答

　目標利益を含んだ売上高は、1,600千円となる。

解説

　目標利益の達成や費用の増減にかかわらず、「売上＝費用＋利益」構造を活用しましょう。

- ・目標利益を含んだ損益分岐点売上高 X 円
  ＝変動費率0.5×売上高 X 円＋固定費500千円＋100千円＋目標利益200千円
  ＝1,600千円

　変動費が100千円削減されることで、変動費率が0.5（＝変動費500千円÷売上高1,000千円）に低下し、固定費が600千円と増加する費用構造に変化します。さらに、目標利益200千円を加味すると、売上高は1,600千円となります。

原価
分解

〜発生するコストを分類する〜

第1章の短期的な意思決定や第2章のCVP分析においてポイントとなったのは、発生するコストを固定費と変動費に分類することでした。一定期間に発生したコストを、操業度の関係で固定費と変動費に分類することを、原価分解（費用分解）とか固変分解といいます。第1章や第2章では、当たり前のように原価を分類していました。しかし実務では、固定費と変動費の明確な分類は、最も頭を悩ませる事柄の1つです。

第3章では、一般的な教科書に解説されている原価分解の方法の概要を確認し、その中から実務的によく使用される方法を詳しく解説します。

原価分解の方法

－固定費と変動費に分ける5つの方法を知る

CVP分析のシミュレーションですが、エクセルに算式を入れたので随分と早くできるようになりました。

 色々なパターンのシミュレーションができているみたいだね。ところで、前提となっていた固定費と変動費の区分は再検討したかい？

いえ、最初にいただいたデータをそのまま使っています。

 せっかくだから、現状に合うように見直してみようか。意外と難しいんだよ。

原価分解の基本的な分類

　財務会計の分野では、コストは損益計算書に製造原価、水道光熱費、旅費交通費などの勘定科目にしたがって区分・表示されています。つまり、固定費と変動費といった操業度との関連による区分・表示にはなっていません。

　意思決定やCVP分析に活用するためには、コストを固定費と変動費に意図的に区分する必要があります。これを、原価分解といいます。

用語解説	原価分解とは、財務会計上の費用項目（コスト）を、操業度の関連に応じて固定費と変動費に区分すること。

　ここでは、原価分解の基本的な方法を見ていきます。原価の分解方法は、図3-1-1のように、技術的な予測に基づく方法と過去の実績データに基づく方法があります

図3-1-1 原価分解の方法

```
                  ┌─ 技術的な予測に ──── IE法（工学的方法）
                  │   基づく方法
                  │
  原価分解 ───────┤                    ┌─ 高低点法 ──────────┐
                  │                    │                      │ 統
                  │                    ├─ スキャッター・チャート法 │ 計
                  └─ 過去の実績データに ─┤                      ├ 的
                      基づく方法        ├─ 最小自乗法 ──────┘  方
                                        │                       法
                                        └─ 勘定科目精査法
```

技術的な予測に基づく方法によると、工学的な研究に基づいて、原価がいくら発生すべきかという基準となる数値が求められます。一方、過去の実績データに基づく方法によると、実績データの平均値の数値が求められます。

IE法（工学的方法）

　製造プロセスでは、一定の原材料や労働力などを投入（インプット）することによって、製品が製造（アウトプット）されます。

　IE法（industrial-engineering method） とは、工場で働く作業者の工学的研究（動作研究や時間研究）をもとに、作業内容を測定し、インプットとアウトプットの関係から発生する原価を予測する方法です。

　インプットとアウトプットの因果関係が比較的直接的な、直接材料費や直接労務費の予測には効果的な手法です。また、過去のデータがない新製品などの場合も有効です。その一方で、現場ではインプットとアウトプットに直接的な因果関係を見出すのは容易なことではありません。また工学的研究自体にも、かなりの手間とコストがかかるため、容易に用いられる方法とは言えません。

IE法なら厳密に原価分解できると思いましたが、なかなか難しいのですね。

 そうだね。それじゃあ、実際に活用度合いが高い過去の実績データに基づく方法を見ていこうか。

高低点法

　統計的な方法の1つである**高低点法（high-low point method）**とは、検討する費目に対する過去の実績データのうち、操業度が最高の点と最低の点を直線で結び、その直線を総コストとみなす方法です。総コストを示す直線がY軸と交わる切片が固定費、直線の傾きが変動費率となります。

　高低点法は、最高の点と最低の点から原価を固定費と変動費に分類するため、簡単に適用できるメリットがあります。しかし、最高の点と最低の点の2点のみで、全体を代表させるのには少し無理があるでしょう。そのため、高低点法を利用した原価分解の数値の信頼性は、必ずしも高いとは言えません。

スキャッター・チャート法

　同じく統計的な方法の1つである**スキャッター・チャート法（scatter-chart method）**とは、検討する費目に対する過去の実績データをグラフに記入して、プロットされた点の真ん中を通るような直線を目分量で引く方法です。総コストを示す直線がY軸と交わる切片が固定費、直線の傾きが変動費率となるのは高低点法と同様です。

　スキャッター・チャート法は、過去の実績データを全て加味しながらも簡単な方法であるというメリットがあります。しかし、あくまでも目分量で直線を引くため、客観性にかける という欠点があります。

図3-1-2　**高低点法とスキャッター・チャート法**

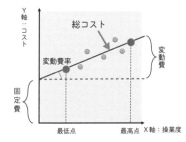

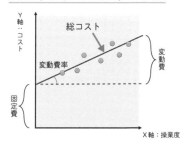

高低点法では、期間内の最高点の操業度と最低点の2点を結ぶ直線を引きます。一方、スキャッター・チャート法では、グラフにプロットした実績データの真ん中を通る直線を目分量で引きます。どちらもその直線が総コストを表し、Y軸と交わる点（切片）が固定費、直線の傾きが変動費率となります。

3-1 のまとめ

- コストを操業度の関連に応じて固定費と変動費に区分することを、原価分解という。
- 原価の分解方法には、技術的な予測に基づく方法（IE法）と、過去の実績データに基づく方法（高低点法、スキャッター・チャート法、最小自乗法、勘定科目精査法）がある。
- IE法は、動作研究や時間研究をもとに、インプットとアウトプットの関係から発生する原価を予測する方法である。
- 高低点法（high-low point method）は、過去の実績データの、操業度が最高の点と最低の点を直線で結び、その直線を総コストとみなす方法である。
- スキャッター・チャート法（scatter-chart method）は、グラフにプロットした過去の実績データの真ん中を通るような目分量で引いた直線を、総コストとみなす方法である。

演習問題

次の資料から高低点法により補助材料費を原価分解し、変動費率と固定費を計算してください。ただし、1月から6月の機械稼働時間は正常操業度の範囲内だったとします。

月	機械稼働時間（X）	補助材料費（Y）
1月	120	660
2月	140	780
3月	100	600
4月	130	710
5月	150	800
6月	110	650
合計	750時間	4,200（千円）

解答

変動費率4千円/時間
固定費200千円

解説

最高点と最低点の差を求めてみましょう。

機械稼働時間（操業度）の最高点は5月の150時間（補助材料費800千円）、最低点は3月の100時間（補助材料費600千円）です。2つの点の差から、直線の傾きである変動費率を求めます。

直線の傾きは、「補助材料費（Y）の増加分÷機械稼働時間（X）の増加分」で求めることができます。

	補助材料費（Y）	機械稼働時間（X）
最高点5月	800千円	150時間
最低点3月	600千円	100時間
差引	200千円	50時間

変動費率4千円/時間＝（800千円-600千円）÷（150時間-100時間）

続いて、固定費を計算してみましょう。

最高点の5月だと、「固定費200千円＝800千円−4千円/時間×150時間」となります。

最低点の3月でも「固定費200千円＝600千円−4千円/時間×100時間」と、同じ結果になります。

方程式にすると、「Y（補助材料費）＝4千円/時間×X（機械稼働時間）＋200千円」と表せます。

最小自乗法

－目分量でなく数学で解く方法は?

グラフを使って原価分解すると便利ですね。

 そうだね。ただ、高低点法は少し大雑把過ぎるし、スキャッター・チャート法も曖昧さが残る。そこで、連立方程式で直線を求める方法があるんだよ。

連立方程式ですか? なんだか会計の話ではないみたいですね。

最小自乗法

　過去の実績データをグラフにプロットした高低点法やスキャッター・チャート法は、わかりやすい反面、少し雑な面があります。

　高低点法は最高点と最低点の2点のみで全体を表してしまおうとする方法ですし、スキャッター・チャート法は目分量で直線を引くわけですから、ある意味で直感に頼った方法です。

　そこで、目分量で引いた直線を計算式で求める方法が、最小自乗法（method of least squares）です。最小自乗法とは、実績データとその真ん中を通る直線の誤差の自乗の和を最小にすることで、もっとも確からしい直線（近似する直線）の方程式を求める方法です。

用語 解説	最小自乗法は、目分量で引いた直線を計算式で求めようという方法のこと。

数学的なので難しいですが、どのような考え方なのかを説明していきましょう。

実績データと近似する直線上の点の誤差が小さければ小さいほど、実績データの真ん中を通る直線だと言えます。

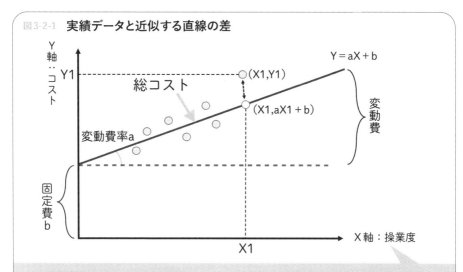

図3-2-1　**実績データと近似する直線の差**

Y軸：コスト

Y = aX + b

Y1 ○（X1,Y1）

総コスト

（X1,aX1 + b）

変動費

変動費率a

固定費
b

X軸：操業度

X1

実績データの真ん中を通る直線をY = aX + bとすると、実績データが（X1,Y1）の時、実績データの真ん中を通る直線上の点は（X1,aX1 + b）となります。その誤差は（aX1 + b-Y1）です。7つの実績データそれぞれに、近似する直線との誤差がありますが、それら誤差の2乗の合計が最小になる直線であれば、最も近似する直線だと言えます。

図3-2-1を見てください。

実績のデータが○で7つプロットされています。この真ん中を通る直線を、Y = aX + bとします。aは変動費率（傾き）で、bは固定費（切片）です。

操業度X1の時の実績データが（X1,Y1）の座標にある○（グラフの一番右上）です。操業度X1の時の近似する直線上の点は、（X1,aX1 + b）の座標にある○です。（X1,Y1）と（X1,aX1 + b）との差が小さければ小さいほど、実績データの真ん中を通る直線となるわけです。

2つの点の誤差は、（aX1 + b-Y1）です。2つの点の誤差はプラスの場合もマイナスの場合もありますので、全ての誤差をプラスで表すために誤差を2乗します。

2つの点の誤差の2乗
$$= （aX1 + b\text{-}Y1）^2$$

7つの実績データそれぞれに、近似する直線との誤差がありますが、それら7つの誤差の2乗の合計が最小になる直線であれば、最も近似する直線と言えます。

　誤差の2乗の合計をUとすると、次のような算式となります。

$$U = \Sigma (aX1 + b - Y1)^2$$

　Σ（シグマ）は見慣れない方もいると思いますが、全部を合計することだと考えてください。今回は、7つの実績データと、それぞれの近似する直線上の点との誤差の2乗を合計するということです。
　この合計Uを最も小さくするaとbを求めるには、Uをaとbでそれぞれ微分します。数学的な話になってしまうので結論だけ示すと、次のようになります（実績データの数をnとします）。

① $\Sigma Y = a \Sigma X + nb$
② $\Sigma XY = a \Sigma X^2 + b \Sigma X$

　この2つの方程式（連立方程式）を解くことで、変動費率aと固定費bが計算されます。
　シグマの入った算式ではわかり難いかもしれませんので、文章を交えて表現してみると次のようになります。

①コストYの合計
　　＝a×各操業度Xの合計＋実績データの数n×b
②（操業度X×コストY）の合計
　　＝a×各操業度 X^2 の合計＋b×各操業度Xの合計

　では、実際に最小自乗法を使って、変動費率と固定費を求めてみましょう。

▼ 最小自乗法の計算例

次の資料から最小自乗法により補助材料費を原価分解し、変動費率と固定費を計算してください。ただし、1月から3月の機械稼働時間は正常操業度の範囲内だったとします。

月	機械稼働時間（X）	補助材料費（Y）	XY	X^2
1月	10	100	1,000	100
2月	20	150	3,000	400
3月	10	80	800	100
合計	40時間	330（千円）	4,800	600

*最小自乗法の計算方法を確認するための例示なので、実績データを少なくしてある。

最小自乗法の連立方程式に、数値を当てはめてみましょう。

①コストYの合計330
　　＝a×各操業度Xの合計40＋実績データの数n3×b
②（操業度X×コストY）の合計4,800
　　＝a×各操業度X^2の合計600＋b×各操業度Xの合計40

よって、

①330 ＝ 40a ＋ 3b
②4,800 ＝ 600a ＋ 40b

となり、①②の連立方程式を解くと、a＝6、b＝30と求められます。
　したがって、固定費30千円、変動費率6千円/機械稼働時間となります。
　この近似する直線は、Y＝6X＋30の方程式で表されます。これで最小自乗法による実績データの平均値的な直線を求めることができました。この直線のことを、回帰直線とも呼びます。
　近似する直線（回帰直線）を図示すると、図3-2-2のようになります。

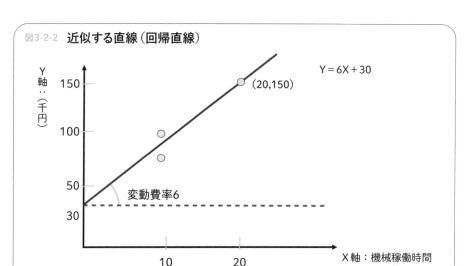

図3-2-2　**近似する直線（回帰直線）**

Y軸：（千円）

Y = 6X + 30

150 ― (20,150)

100

50

30　変動費率6

X軸：機械稼働時間

10　　20

3つの実績データの真ん中を通る直線は、Y = 6X + 30の方程式で表されます。実績データの真ん中を通る近似する直線のことは、回帰直線とも呼ばれています。

　最小自乗法は、実績データと同じ操業度の時の誤差の2乗の合計を最小にするa（傾き）とb（切片）を求める方法でした。本文中のように、3つしか実績データがない例でも計算するのはかなり大変です。そこで、実務では連立方程式を解くのではなく、Excelの関数を使うことが一般的です。

　具体的には、回帰直線の傾きaを求めるINTERCEPT関数と、Y軸の切片bを求めるSLOPE関数です。次の例で両方の関数を使ってみましょう。

	A	B	C
1		X（時間）	Y（千円）
2		機械稼働時間	補助材料費
3	1月	10	100
4	2月	20	150
5	3月	10	80
6	合計	40	330

・INTERCEPT関数

　引数は「既知のy」と「既知のx」の2つです。「既知のy」には補助材料費のC3:C5の範囲を、「既知のx」には機械稼働時間のB3:B5の範囲を入力すると、Y軸の切片として、30千円を返してくれます。

・SLOPE関数

　引数は「既知のy」と「既知のx」の2つです。「既知のy」には補助材料費のC3:C5の範囲を、「既知のx」には機械稼働時間のB3:B5の範囲を入力すると、回帰直線の傾きとして、6千円/機械稼働時間を返してくれます。

　実績データを利用して原価分解を行う方法の中で、理論的ですぐれた方法とされている最小自乗法は、計算が煩雑なため敬遠されることもありましたが、INTERCEPT関数とSLOPE関数を使えば即座に計算してくれます。ぜひ、試してみてください。

・最小自乗法は、目分量で引いた近似する直線を計算式で求めようという方法である。
・実績データの真ん中を通る直線を、回帰直線という。
・Excelを活用すれば、INTERCEPT関数でY軸の切片（固定費）を、SLOPE関数で回帰直線の傾き（変動費率）を簡単に求めることができる。

演習問題

次の資料から最小自乗法により補助材料費を原価分解し、変動費率と固定費を計算してください。ただし、1月から12月の直接作業時間は、正常操業度の範囲内だったとします。

	A	B	C
1		X（時間）	Y（千円）
2		直接作業時間	補助材料費
3	1月	30	120
4	2月	35	160
5	3月	40	170
6	4月	25	120
7	5月	40	150
8	6月	40	160
9	7月	30	130
10	8月	25	100
11	9月	30	150
12	10月	35	180
13	11月	50	210
14	12月	40	180
15	合計	420	1,830

解答

固定費（Y軸の切片）は21.25千円、変動費率（回帰直線の傾き）は3.75千円/直接作業時間となります。

解説

Excelを活用しましょう。

SLOPE関数とINTERCEPT関数を使って、回帰直線の切片（固定費）と傾き（変動費率）を求めてください。

・INTERCEPT関数

　引数の「既知のy」には補助材料費のC3:C14を、「既知のx」には直接作業時間のB3：B14を入力すると、Y軸の切片として、21.25千円を返してくれます。

・SLOPE関数

　引数の「既知のy」には補助材料費のC3:C14を、「既知のx」には機械稼働時間のB3：B14を入力すると、回帰直線の傾きとして、3.75千円/直接作業時間を返してくれます。

勘定科目精査法

－ 簡単な原価分解の方法は?

統計的に原価分解する高低点法、スキャッター・チャート法、最小自乗法は活用できそうかい?

はい、最小自乗法を連立方程式で解くのは自信がないですが、INTERCEPT関数やSLOPE関数を使えば、すぐに計算できそうです。ただ、全てのコスト項目に対応させる機械稼働時間などを調べていくのは大変な気がします。

そうだね。それでは、もう少し手軽に原価分解できる方法を見ていこうか。

勘定科目別の分類

　過去の実績データに基づいて統計的に原価分解する最小自乗法は、スキャッター・チャート法のように直感に頼る方法ではありませんので、厳密に原価分解できるような気がします。しかし、原価を分解する要因は1つではなく、複数の要因によって原価は変化します。また、仮に原価を変化させる要因が1つに絞れたとしても、全てのコストの変化と要因の変化を記録していくには、多大な労力がかかります。

　そこで、損益計算書や製造原価報告書に記載されている勘定科目1つ1つを精査して変動費と固定費に振り分ける、勘定科目精査法を使用する企業も多くあります。

用語解説	勘定科目精査法は、財務諸表上の各勘定科目の性質によって原価分解する方法のこと。

　どの勘定科目が変動費に当たるか、固定費に当たるかは、一概に決めることはできず、業種の特性や各企業の業務の実態等によって異なります。そのため、

簡単な方法ですが、会計担当者の判断に委ねられます。また勘定科目の中には、変動費と固定費の両方の性質を兼ね備えている費用もありますので、判断が難しい場合もあります。

そこで、中小企業庁と日本銀行が原価分解の基準を示していますので、判断に迷ったら参考にすると便利です。

中小企業庁方式

中小企業庁編、平成15年度調査「中小企業の原価指標」（同友館）の中で、製造業、卸・小売業、建設業の3つの業種について、原価分解の基準を示しています。

図3-3-1　**中小企業庁方式**

製造業	固定費	直接労務費、間接労務費、福利厚生費、減価償却費、賃借料、保険料、修繕料、水道光熱費、旅費、交通費、その他製造経費、販売員給料手当、通信費、支払運賃、荷造費、消耗品費、広告費、宣伝費、交際・接待費、その他販売費、役員給料手当、事務員（管理部門）・販売員給料手当、支払利息、割引料、従業員教育費、租税公課、研究開発費、その他管理費
	変動費	直接材料費、買入部品費、外注費、間接材料費、その他直接経費、重油等燃料費、当期製品仕入原価、当期製品棚卸高―期末製品棚卸高、酒税
卸・小売業	固定費	販売員給料手当、車両燃料費（卸売業の場合50％）、車両修理費（卸売業の場合50％）販売員旅費、交通費、通信費、広告宣伝費、その他販売費、役員（店主）給料手当、事務員（管理部門）給料手当、福利厚生費、減価償却費、交際・接待費、土地建物賃借料、保険料（卸売業の場合50％）、修繕費、光熱水道費、支払利息、割引料、租税公課、従業員教育費、その他管理費
	変動費	売上原価、支払運賃、支払荷造費、支払保管料、車両燃料費（卸売業の場合のみ50％）、保険料（卸売業の場合のみ50％）、注：小売業の車両燃料費、車両修理費、保険料は全て固定費
建設業	固定費	労務管理費、租税公課、地代家賃、保険料、現場従業員給料手当、福利厚生費、事務用品費、通信交通費、交際費、補償費、その他経費、役員給料手当、退職金、修繕維持費、広告宣伝費、支払利息、割引料、減価償却費、通信交通費、動力・用水・光熱費（一般管理費のみ）、従業員教育費、
	変動費	材料費、労務費、外注費、仮設経費、動力・用水・光熱費（完成工事原価のみ）運搬費、機械等経費、設計費、兼業原価

中小企業庁方式では、製造業、卸・小売業、建設業の3業種に関する原価分解の基準を示しています。便利な基準ですが、「中小企業の原価指標」の調査自体は平成15年度を最後に廃止されています。

もちろん、原価分解の基準は個々の企業の実態に基づいて行うのが基本ですが、中小企業方式の原価分解を1つの基準とすると、比較的容易に原価分解できます。

日銀方式

　日本銀行調査統計局では、「主要企業経営分析」の中で原価分解の方法を次のように定めています。日銀方式の原価分解は中小企業庁方式のように業種ごとの基準は示していませんが、企業の外部者が原価分解する際には簡便な方法として活用できます。

図 3-3-2　**日銀方式**

売上高	総売上高－売上値引・戻り高
固定費	労務費＋（経費－外注加工費－電力料－ガス水道料） 　　　　＋販売費及び一般管理費＋営業外費用－営業外収益
変動費	総支出（売上原価＋販売費及び一般管理費＋営業外費用－営業外収益） 　　－固定費

　日銀方式では業種ごとの原価分解の基準を示していませんが、企業の内情を把握できない外部者が原価分解する際には簡便で便利な方法だと言えます。ただし、「主要企業経営分析」も平成15年度版を最後に廃刊となっています。

勘定科目精査法の留意点

　勘定科目精査法は、財務諸表（損益計算書と製造原価報告書）上の各勘定科目の性質によって原価分解する方法でした。実際に、損益計算書と製造原価報告書の勘定科目を原価分解する際に、製造業や建設業の方には1つ留意点があります。それは、当期製造費用、製品製造原価、売上原価の関係をしっかりと理解しておくことです。

　図3-3-3を見てください。

図3-3-3　**当期製造費用、製品製造原価、売上原価**

製造原価報告書 → 損益計算書

製造原価報告書

①期首仕掛品	④当期製品製造原価
②当期**製造費用**	
	③期末仕掛品

損益計算書

⑤期首製品	⑦**売上原価**
④当期製品製造原価	
	⑥期末製品

売上高

当期製造費用 → 製品製造原価　　製品製造原価 → 売上原価

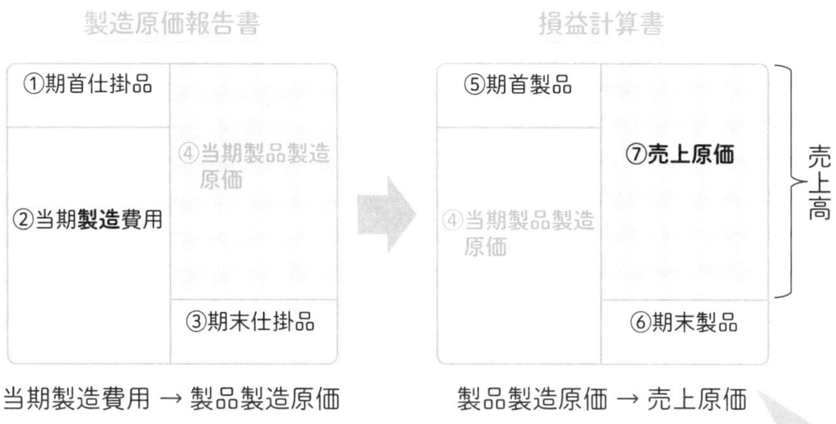

当期に発生した「②当期製造費用」に「①期首仕掛品」を足して、「③期末仕掛品」を引いた金額が「④当期製品製造原価」となります。さらに、「④当期製品製造原価」に「⑤期首製品」を足して「⑥期末製品」を引いた金額が、「⑦売上原価」となります。

製造原価報告書上、製品製造原価は次のように算出されます。

「④当期製品製造原価」＝「①期首仕掛品」＋「②当期製造費用（原材料費、労務費、経費）」－「③期末仕掛品」

つまり、当期発生した「②当期製造費用」の全てが費用として、損益計算書に表示されるわけではなく、当期に完成した製品分だけが費用に計上されます。

さらに、製造原価報告書で計算された「④当期製品製造原価」が損益計算書に移り、損益計算書上、売上原価は次のように算出されます。

「⑦売上原価」＝「⑤期首製品」＋「④当期製品製造原価」－「⑥期末製品」

同じように、「④当期製品製造原価」の全てが「⑦売上原価」となるわけではなく、当期に売れた分だけが費用として計上されます。

これらの関係をきちんと理解しておくことが、原価分解をする上では重要に

なります。なぜなら、通常は製造原価報告書に記載されている「②当期製造費用」の内訳を、勘定科目ごとに固定費と変動費に分類していくからです。しかし、原価分解において知りたいことは、固定費と変動費率（＝変動費÷売上高）ですので、売上原価を固定費と変動費に分解しなくてはなりません。そこで、製造原価報告書において「①期首仕掛品」と「③期末仕掛品」が、「②当期製造費用」と同じ割合で固定費と変動費に分解されると仮定すると、「④当期製品製造原価」も同じ割合ということになります。

さらに、損益計算書において「⑤期首製品」と「⑥期末製品」が、「④当期製品製造原価」と同じ割合で固定費と変動費に分解されると仮定すると、「⑦売上原価」も同じ割合となります。

従って、製造原価報告書で原価分解をした割合と同じ割合だと仮定して、売上原価を原価分解すればいいのです。

「当期製造費用」と同じ固定費と変動費の割合で、「売上原価」を原価分解する！

実務に役立つ知恵

損益分岐点を計算するために原価分解した際に、固定費と変動費の分類を迷った場合は、固定費に分類した方が保守的な数字となります。念のため、本当にそうなるのかを次の例で確認してみましょう。ある企業の月次のデータです。

売上高100万円、費用70万円。費用70万円の内訳は、固定費30万円、変動費20万円ですが、残りの20万円は変動費か固定費か判断を迷っているとしましょう。

・残りの20万円を固定費と判断した際の損益分岐点売上高

損益分岐点売上高X万円＝変動費率0.2（変動費20万円÷売上高100万円）×売上高X万円＋固定費50万円
＞＞損益分岐点売上高X万円＝62.5万円

・残りの20万円を変動費と判断した際の損益分岐点売上高

損益分岐点売上高X万円＝変動費率0.4（変動費40万円÷売上高100万円）×売上高X万円＋固定費30万円
＞＞損益分岐点売上高X万円＝50万円

残りの20万円を固定費と判断した場合は、損益分岐点売上高62.5万円ですので、それを上回って初めて利益が出るということです。つまり、判断に迷った費用項目を固定費と判断した方が、利益を出す売上高が高いので、保守的な判断だと言えます。

演習問題

次の資料から、日銀方式の勘定科目精査法で原価分解をして損益分岐点を求めてください。ただし、当期製造費用と同じ割合で、売上原価も固定費と変動費に分かれるものとします。

（単位：千円）

損益計算書	
売上高	14,000
売上原価	8,000
売上総利益	6,000
販売費及び一般管理費	3,600
営業利益	2,400

製造原価報告書		
材料費		6,000
労務費		2,000
経費		
外注加工費	800	
水道光熱費	200	
減価償却費	300	
賃借料	500	
その他	200	2,000
当期製造費用		10,000
期首仕掛品		1,000
期末仕掛品		3,000
当期製品製造原価		8,000

解答

損益分岐点売上高は、10,000千円となる。

解説

当期製造費用の固定費と変動費の割合と、売上原価も同じと仮定して考えましょう。

まず、製造原価報告書の勘定科目を、固定費と変動費に日銀方式で分類します。

・**固定費3,000千円＝労務費2,000千円＋（経費2,000千円−外注加工費800千円−水道光熱費200千円）**

　＞＞固定費の割合0.3＝固定費3,000千円÷当期製造費用10,000千円

・変動費7,000千円＝材料費6,000千円＋外注加工費800千円＋水道光熱費200千円

　＞＞変動費の割合0.7＝変動費7,000千円÷当期製造費用10,000千円

次に、損益計算書の勘定科目を、固定費と変動費に日銀方式で分類します。

・固定費6,000千円＝売上原価8,000千円×固定費の割合0.3＋販売費及び一般管理費3,600千円）
・変動費5,600千円＝売上原価8,000千円×変動費の割合0.7

　＞＞変動費率0.4＝変動費5,600千円÷売上高14,000千円

最後に、損益分岐点売上高を計算します。

・損益分岐点売上高X千円＝変動費率0.4×売上高X千円＋固定費6,000千円

　＞＞損益分岐点売上高X千円＝10,000千円

費用対効果

−現実に使える方法は?

単純に固定費と変動費に分けるといっても、色々な方法があるのですね。

そうだね。それぞれの特徴を理解しておくことが大切なんだよ。

でも結局、実務ではどの方法を使えばいいのでしょうか?

原価分解の方法の長所と短所

ここまで、原価分解の方法を複数見てきました。
では、実務の場面で使うとしたら、どの方法が好ましいのでしょうか?
まずは、5つの方法の長所と短所を図3-4-1にまとめてみます。

IE法は理論的な方法と言われていて、機械稼働時間などのインプット、直接材料費などのアウトプットの因果関係が直接的に示せる場面では有効です。しかし実際には、直截的な因果関係で示せる場面ばかりではありませんので、適用できる場面が限られてきます。

統計的方法の高低点法やスキャッター・チャート法はわかりやすい半面、信頼性に劣ります。その点、最小自乗法は数学的な計算から原価分解するので客観性があります。さらにExcelの関数を使えば、困難な計算の問題点を解消できます。

勘定科目精査法は簡単である一方で、原価分解の判断が担当者の経験や知識に基づいた判断になりますので、客観性にかける側面があります。
そうすると、Excelの関数を使った最小自乗法が最も理論的で客観性が高いと言えます。

図3-4-1　5つの方法の長所と短所

	長所	短所
IE法	・過去のデータがない場合にも有効である ・理論的と言われている	・作業内容と原価の性質の因果関係を見出すのが容易でない ・動作研究などに手間とコストがかかる
高低点法	・操業度の最高点と最低点から原価分解するので簡単である	・最高点と最低点のみで、全体の傾向を掴むので、必ずしも信頼性が高くない
スキャッター・チャート法	・過去の実績を全て加味しながらも、簡単な方法である	・目分量で近似する線を引くので、客観性にかける
最小自乗法	・過去の実績を全て加味しながらも、簡単な方法である	・計算が困難である（ただし、Excelの関数あり） ・原価の性質を1つの要因で分析するが、実際には複数の要因がかかわることが多い
勘定科目精査法	・財務会計の勘定科目に従って分類するので、簡単である	・原価分解が担当者の判断に委ねられる ・固定費と変動費の分類が難しいケースがある

どの方法にも長所と短所があります。それぞれの長所と短所を見極めて、自社の状況に合わせて使い分けることが大切です。最小自乗法は最も理論的と言われていますが、機械稼働時間等を記録するには相当な手間がかかりますので、規模の小さい企業には難しいかもしれません。

Excelの関数を使った最小自乗法が、最も客観性が高くて効果的に活用できる！

　ただし、全ての原価項目を最小自乗法で原価分解することには無理もあります。なぜなら、全ての原価に対して、それぞれに原価を変化させる要因を1つ特定し、記録していかなくてはならないからです。原価の変化要因を1つに特定すること自体が困難ですし、仮に特定できたとしても、全てを記録することも大変な作業になります。

　実務上では、勘定科目精査法と最小自乗法の併用が現実的です。
　まず、勘定科目精査法で固定費と変動費に分類できる勘定科目を精査し、他の方法で原価分解する必要のない原価とある原価にふるい分けします。
　次に、固定費と変動費に分けきれなかった原価に対して、Excelの関数を使った最小自乗法を用いて原価分解します。

実務において、原価分解を厳密に行うことはかなり困難な作業と言えます。しかし、原価分解することで、財務会計で集計したデータを管理会計の観点から意思決定などに活用できます。そのため、固定費と変動費の分解を継続的に会社の実態にあわせて適用していくことが、何よりも大切になるのです。

関数を使う場合の留意点

最小自乗法によって原価分解する時に、INTERCEPT関数とSLOPE関数を使えば、簡単に固定費（Y軸の切片）と変動費率（傾き）を求めることができました。

では、次のようなケースを考えてみてください。

INTERCEPT関数を使うと、固定費（Y軸の切片）がマイナスとなって返ってきます。固定費がマイナスでいいのでしょうか？

▼ **異常値があるケース**

	X（時間）	Y（千円）
	機械稼働時間	補助材料費
1月	10	100
2月	20	150
3月	50	600
合計	80	850

＊変化をわかりやすくするため、データ数を少なく、また極端な数値にしています。

INTERCEPT関数＞＞Y軸の切片：-65千円
SLOPE関数＞＞傾き：13千円／時間

仮に操業が停止となって機械稼働時間がゼロであったとしても、固定費がマイナスになるのはおかしなことです。

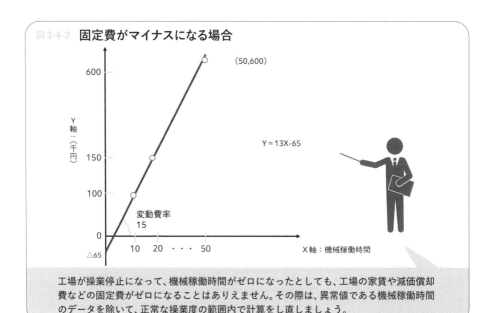

図3-4-2 **固定費がマイナスになる場合**

（50,600）

Y軸：（千円）

600

150

100

0

△65

Y = 13X−65

変動費率
15

10　20　・・・　50

X軸：機械稼働時間

工場が操業停止になって、機械稼働時間がゼロになったとしても、工場の家賃や減価償却費などの固定費がゼロになることはありえません。その際は、異常値である機械稼働時間のデータを除いて、正常な操業度の範囲内で計算をし直しましょう。

　統計的な方法である最小自乗法などは、原価に与える要因を１つとして、原価の変化を直線とみなして原価分解をしています。実は、原価の変化を直線とみなすことができるのは、あくまでも正常な操業度の範囲内のことで、実際の原価の変化はＳ字型や逆Ｓ字型の曲線になっていると考えられています。

　そのため、３月の機械稼働時間50時間のように、通常の操業度を大きく超えた数字があるような場合などに、INTERCEPT関数がマイナスを返してきます。操業度がゼロであっても固定費のマイナスはありえないことですので、このようなケースでは異常値を除いて計算をしてください。

3-4 のまとめ

・実務的には、勘定科目精査法で固定費と変動費に原価を分解して、他の方法で原価分解する必要のない原価と、必要のある原価に区分する。
・実務的には、勘定科目精査法で原価分解できなかった原価を、Excelを使った最小自乗法で原価分解する。
・最小自乗法は、正常な操業度の範囲内で検討する。

演習問題

次のようなケースの場合、INTERCEPT関数とSLOPE関数を使用して、固定費（Y軸の切片）と変動費率（傾き）を計算してください。また、その計算結果をどのように考えたらいいかについてコメントしてください。

	X（時間）	Y（千円）
	機械稼働時間	補助材料費
1月	10	100
2月	20	150
3月	10	500
合計	40	750

＊変化をわかりやすくするため、データ数を少なく、また極端な数値にしています。

解答

3月のデータが正常な範囲を超えていると考えられるので、3月のデータを除いたデータで計算をし直して、固定費を50千円、変動費率を5千円/時間とする。

解説

マイナスの答えに注意しましょう。
INTERCEPT関数でY軸の切片を求めると、450千円となります。
また、SLOPE関数で傾きを求めると、-15千円/時間となります。
つまり、変動費率がマイナスとなってしまいます。

これは、3月の補助材料費の金額が何らかの原因で高くなりすぎているからです。正常な範囲を超えていると考えられますので、3月のデータを除いて計算し直すと、INTERCEPT関数でY軸の切片が50千円、また、SLOPE関数で傾きが5千円/時間となります。

新しい
管理会計の
領域

〜いろいろな費用の管理方法〜

　これまで管理会計の焦点は、金額の占める割合が大きい製造原価や売上原価のコスト削減でした。しかし近年、顧客ニーズの多様化、グローバル化に伴う競争の激化などによって、多くの企業の販売業務や一般管理業務のコストが増加傾向にあります。そのため、販売や一般管理業務の効率化の方法や、効果的なコストの使い方に注目が集まるようになっています。

　第4章では、販売費及び一般管理費の中でも効率的な経営に欠かせない、①売上の増加のために営業コスト、②製品や商品の搬送に関わる物流コスト、③企業のマネジメントのための管理コスト、④企業の持続的な発展に必要な研究開発コストの4つについて、その内容と管理の方法について解説していきます。

販売促進費の管理の方法

－ 営業業務で発生するコストを知る

会社で発生するコストで、金額の大きなものは何だと思う？

それはやはり、製造コストや仕入コストじゃないでしょうか？

そうだね。管理会計の中心は、製造原価や売上原価のコスト削減。では、販売や管理業務に関するコストは、どう考えていったらいいだろうか？

そう言われると、確かに管理会計の領域で、原価計算とか原価管理という言葉はありますけど、営業費計算とか営業費管理という言葉はあまり聞かないですね。

そうなんだ。ただ、経営の効率化のためには、販売や管理業務のコストも重要だから、コストの特徴を理解して管理していかないといけないんだよ。

営業費の特徴

　会社で発生するコストは、製品や商品そのもののコストだけではありません。顧客のニーズの把握、新製品の企画開発、製造、販路開拓、発送等、様々なコストが発生しています。近年、経営効率を高めるため、企画開発から生産・販売までの営業プロセスにかかるコスト全てに注目が集まっています。

　こうした販売活動や一般管理活動によるコストは、財務会計では販売費（selling expense）及び一般管理費（general administration expense）として、損益計算書に計上されています。管理会計では、営業費（commercial expense；non-manufacturing cost）と呼んだりします。

> **用語解説** **営業費**とは、商品企画・開発から、生産、販売を経て現金を回収するまでの営業プロセスにおいて発生する全てのコストのことで、財務会計上の販売費及び一般管理費のこと。

営業費には製造原価と異なり、次のような特徴があります。

（1）わかりにくい因果関係

製造に関するコストは、原材料の投入量（インプット）と製品の産出量（アウトプット）のように因果関係が比較的容易に測定できますが、営業費には交際費など、売上高とどれだけ因果関係があるか把握し難いものがあります。

（2）顧客の存在

製造の現場では、ある製造工程に従った機械反復的に製品が作り出されます。しかし、営業活動においては、不特定多数の顧客に対してアプローチしなければならないのみでなく、同様のアプローチをしたとしても、顧客の心理的な要因によって販売活動の結果が大きく左右されてしまいます。

（3）コスト管理の目的

製造コストや仕入コストの管理の主な目的は、コスト削減です。しかし、営業費の管理の目的は、必ずしもコスト削減とは限りません。販売促進のためのコストを削減することも必要な場合があるでしょうが、それ以上に、販売促進のコストをいかに有効に使い売上高を獲得するかの方がさらに重要です。

営業費の分類

　以上のように、営業費には固有の特徴がありますので、営業費を効果的に管理するためにはコストの特徴を理解した分類が必要になります。
　本章では、①顧客へアプローチして注文を獲得するための販売促進費（promotional cost）、②獲得した注文を履行するために必要な物流費（logistics

cost)、③企業をマネジメントしていくために発生する<u>一般管理費</u>（general administration cost）、④新製品や新技術の研究開発をするための<u>研究開発費</u>（research & development cost）、の４つに区分して、それぞれのコストの特徴と管理の方法について考えていきたいと思います。

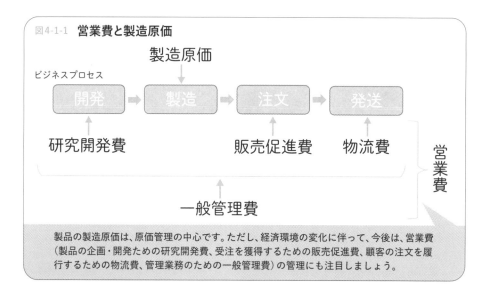

図4-1-1 **営業費と製造原価**

製造原価

ビジネスプロセス

開発 → 製造 → 注文 → 発送

研究開発費　　　　　　　販売促進費　　物流費

一般管理費

営業費

> 製品の製造原価は、原価管理の中心です。ただし、経済環境の変化に伴って、今後は、営業費（製品の企画・開発ための研究開発費、受注を獲得するための販売促進費、顧客の注文を履行するための物流費、管理業務のための一般管理費）の管理にも注目しましょう。

販売促進費の管理のポイント

　販売促進業務とは、売上を上げるための広告宣伝や販売促進などの様々な業務です。売上を上げる、つまり顧客から注文を獲得するために必要なコストを、<u>販売促進費</u>といいます。具体的には、広告宣伝、交際費、営業担当者へのコミッション、リベートなどです。

> **用語解説**　<u>販売促進費</u>とは、顧客から注文を獲得するためのコストのこと。

　販売促進費は、生産活動と製造原価のような因果関係が明白ではありません。実際、顧客からの注文の獲得は、販売促進活動のみによって決まるわけではなく、顧客の心理的な要因など様々な要因が複雑に絡み合っています。そのため、一律に販売促進費を管理することが現実的には難しいです。
　また、販売促進費の管理は、製造原価のように生産効率を上げてコスト削減

を図ることを目的とする製造原価の管理とは性質を異にします。販売促進費は、コスト削減が最大の目的ではありません。販売促進費はできるだけ多くの受注を獲得するための支出であって、支出あたりの売上が最大化されれば効果を発揮しているからです。

　一方で、販売促進費が削減されたとしても、売上も減少してしまったとしたら、販売促進費の管理としては適切であると言えません。そのため、販売促進費は、コスト削減よりも売上との関係で管理しましょう。その責任体制も、コストセンター（コストとなる部門）ではなく、プロフィットセンター（利益を生み出す部門）としたほうが好ましいです。

　しかし、プロフィットセンターごとに管理するとしても、販売促進費の費用対効果を見極めることは、現実的にはそう簡単なことではありません。そのため、販売促進費は計画の段階で割当予算として設定して、その予算と実績の違いを管理することが妥当です。割当予算とは、経営者の方針で各部門に予算を割当て、その予算をもとに管理していく方法です。

割当予算の設定方法

割当予算の設定方法として、一般的には次のような方法があります。

（1）支出可能額から設定する方法

売上高予算から販売促進費を除く費用を引いて、そこから目標とする利益を控除した金額を販売促進費の予算とする方法です。この方法は販売促進費の上限を定めることができるメリットがある一方、業績の変動によって販売促進費が大きく変動してしまいます。むしろ業績が悪化しているときにこそ、販売促進費を積極的に使ったほうがいいかもしれません。

（2）売上高に対する比率で設定する方法

前期の売上高実績や売上高予算に対して、一定割合を販売促進費の予算とする方法です。この方法は、販売促進費を変動費とみなすため、比較的に管理が容易となります。しかし、業績に販売促進費の金額が依存してしまう欠点もあります。

（3）ライバル企業などの状況から設定する方法

ライバル企業の販売促進費を目安として、同様の販売促進を実施する予算を設定する方法です。業界内のマーケット・シェアのバランスを保つためには良い方法ですが、競争が激化し、利益率の低下を招く恐れもあります。

（4）注文獲得の目標から設定する方法

具体的な注文獲得数や売上高の目標を定めて、その実現に必要な業務を洗い出し、その業務に紐づけて販売促進費を設定する方法です。この方法は、必要な業務の洗い出しに手間がかかりますが、目標達成のために必要な費用を予算とするには有効な方法です。

消費者を対象としたBtoC（Business to Consumer）のビジネスの場合、消費者の行動モデルと販売促進業務を関連させることで効果を発揮できることがあります。

消費者の行動モデルとは、消費者が商品を認知してから購入するまでのプロセスをモデル化したものです。

いくつかのモデルがありますが、基本となるのは、E.K.ストロングが論文の中でセールスにおける顧客心理を説明したAIDAモデルです。

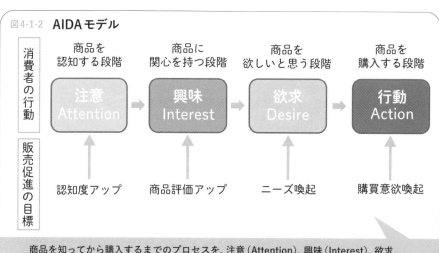

図4-1-2　**AIDAモデル**

消費者の行動	商品を認知する段階	商品に関心を持つ段階	商品を欲しいと思う段階	商品を購入する段階
	注意 Attention	興味 Interest	欲求 Desire	行動 Action
販売促進の目標	認知度アップ	商品評価アップ	ニーズ喚起	購買意欲喚起

商品を知ってから購入するまでのプロセスを、注意（Attention）、興味（Interest）、欲求（Desire）、行動（Action）の4つの段階に分けてモデル化しています。それぞれの段階で、消費者の行動を意識して販売促進活動を行うと効果的です。

4-1 のまとめ

・営業費とは、商品企画・開発から、生産、販売を経て現金を回収するまでの営業プロセスにおいて発生する全てのコストのこと。
・主な営業費には、販売促進費、物流費、一般管理費、研究開発費がある。
・販売促進費とは、顧客から注文を獲得するためのコストで、計画段階から割当予算として設定することが好ましい。

演習問題

　ある企業が商品の改良版を企画・開発しました。年間1,000台の注文の獲得を目標としています。既存商品の売上動向や市場調査から、消費者が商品を認知してから実際に購入するまでの確率に関しては、AIDAモデルに基づいて次のような仮説が立てられています。

> 注意（Attention）段階での認知度50%⇒興味（Interest）段階での商品評価率80%⇒欲求段階（Desire）でのニーズ喚起割合60%⇒行動（Action）段階での購買意欲喚起割合50%

　販売目標を達成するには、商品を認知してもらうため、どのくらいの人数の消費者をターゲットにしたら良いでしょうか？

解答

　約8,333人の消費者をターゲットにして、改良版の商品を知ってもらうような販売促進活動をすれば良い。

解説

認知されてから購入までの確率を出してみてください。

　ターゲットとする消費者の人数を、X人とします。

　そのうち、注意（Attention）段階で50%が認知し、興味（Interest）段階で80%が商品に高評価を与えたとします。さらに、高い評価を与えた消費者のうち、欲求段階（Desire）での購入したいと60%がニーズを喚起され、行動（Action）段階で実際に50%が購入すると仮定します。

$$X人 \times 50\% \times 80\% \times 60\% \times 50\% = 1,000台$$
　よって、
$$X \fallingdotseq 8,333人$$
　となります。

物流費の管理の方法

－物流業務で発生するコストを知る

お客様から注文をいただくまでに、随分といろいろなコストがかかっているのですね。

 財務会計上の損益計算書には、販売費及び一般管理費の中に表示されているだけだけどね。

勘定科目からは、注文獲得費という発想はなかなか出てきませんでした。

 注文を獲得したら、注文を履行しないといけないよね。

ということは、注文獲得後のコストの話ですね。

物流費の管理のポイント

　物流業務とは、製品や商品の保管、包装、出荷、運送など、製品や商品を顧客に手渡すための様々な業務です。顧客から獲得した注文を履行するために必要なコストを、物流費といいます。具体的には、倉庫代、梱包代、運送代などです。

**用語
解説** 物流費とは、**顧客から獲得した注文を履行するためのコスト**のこと。

　物流費は機械的、反復的な業務から発生する面がありますので、売上高や生産量と比較的に関係性が高いと言えます。例えば、梱包する製品の数量と梱包

代、また運送する製品の重量や数量と運送代は比例的な関係にあります。そのため、販売促進費と違って、ある程度の標準化が可能です。よって、その責任体制もプロフィットセンターでなく、コストセンターにおける管理とするのが一般的です。

　つまり、物流費の管理は製造原価と同様に、業務効率を上げてコスト削減を図ることが主な目的となります。そこで、効果的な原価管理を実施するため、機能別や作業別の原価センター（原価を管理する単位）を定めて、標準原価計算（第5章を参照）やABC・ABM（第6章を参照）を適用することも可能です。

　標準原価計算を適用して物流費の標準を決めるには、まず原価センターごとに測定単位を定めます。例えば輸送費であれば、輸送する製品の重量や数量、輸送に必要な時間、距離などを測定単位とします。
　次に、変動予算を活用して標準原価を定めます。変動予算とは、作業の度合いに応じて算定される予算です。具体的には、物流費を固定費と変動費に分類して、固定費は作業の度合いに関わらず一定とし、変動費は作業の度合いによって変動費率を設定し、実際の作業量を乗じて、標準原価を次のように計算します。

物流費の標準原価＝変動費率×実際の作業量＋固定費

　変動予算を活用して標準原価を算出するのは、一般的に物流費が固定費と変動費から構成され、作業の度合いによって単位あたりの原価が変わってくるからです。

売上高物流コスト比率

　2019年度物流コスト調査報告書（公益社団法人日本ロジスティクスシステム協会）によると、日本企業の売上高に対する物流コストの比率は、約4.9％となっています。過去10年間のデータを見ても、概ね4％台後半の推移となっています。

売上高物流コスト比率％＝（物流コスト÷売上高）×100

企業の収益性や経営の良否を示す指標の１つに、売上高営業利益率があります。算式は次のとおりです。

売上高営業利益率％＝（営業利益÷売上高）×100

　商工業実態基本調査（経済産業省）によると、日本企業の製造企業の売上高営業利益率が約４％と言われている中、物流コストが売上高に占める割合はかなり高いことがわかります。企業の収益性の改善には、物流コストの低減が１つの重要な要因となっています。

物流コストの種類

　物流コストを機能別に分類すると、製品をある地点から別の地点に輸送するための輸送費、製品を保管しておくための保管費、製品を包装するための包装費などに分けることができます。物流コストの機能別の構成比は、輸送費が約60％と高い割合を占めています。

図4-2-1　**物流コストの機能別構成比**

□ 輸送費
□ 保管費
■ 包装費等

26.00%

58.20%

15.80%

2019年度物流コスト調査報告書

物流コストの構成割合では、輸送費の占める割合が高く、コスト削減のポイントとなっています。

輸送費は、外部の輸送業者による場合と、自社で輸送（自家輸送）する場合があります。外部の輸送業者による場合は、そのコストは基本的に変動費となりますが、自家輸送の場合は車両維持のコスト、ドライバーの給与、ガソリン代などを原価分解して、コストを見積もることになります。

　同様に、保管費も外部の倉庫業者を利用する場合と、自社の倉庫を利用する場合があります。どちらの場合が有利なのか、倉庫業者への保管料と自社で発生するコストを比較する必要があります。

　包装費は、製品のパッケージなどを販売するための包装費と、ダンボールなどの製品を輸送するための包装費からなります。販売のための包装費は、製品の一部でもありますので、製造原価として扱われる場合もあります。一方、輸送するための包装費は変動費とされる場合が多く、費目別に分類して管理します。

4-2 のまとめ

- ・物流費とは、顧客から獲得した注文を履行するためのコストのこと。
- ・主な物流費には、輸送費、保管費、包装費がある。
- ・物流費は変動予算によって管理する。
- ・物流費の低減は、企業の収益性の改善に大きなインパクトを与える。

演習問題

　以下の資料に基づき、変動予算を活用してトラックによる輸送費の標準原価を計算してください。なお、輸送距離を原価単位とし、簡易化のため他の要因はないものとしてください。

- ・トラックの燃費：4km/ℓ
- ・軽油代：100円/ℓ
- ・ドライバーの日当や保険代：3万円
- ・輸送距離：500km

解答

　標準原価は、「変動費率25円/km×輸送距離500km+固定費3万円」から、42,500円となる。

解説

固定費と変動費に区分してみましょう。

　輸送距離を原価単位とすると、輸送距離に一定額発生するドライバーの日当などの3万円は固定費です。一方、変動費率は1kmあたりの軽油代が該当します。

変動費率25円/km＝軽油代100円/ℓ÷トラックの燃料4km/ℓ

　以上から、トラックによる変動予算をYとし、輸送距離をXとすると、次の算式で表すことができます。

トラックによる輸送費の予算Y円＝変動費率25円/km×輸送距離X km＋固定費3万円

　よって、標準原価は「25円/km×500km+3万円」から、42,500円となります。

一般管理費の管理の方法

－管理業務で発生するコストを知る

一概に販売費といっても、注文を獲得するための販売促進費や注文を履行する物流費など、性質の違うコストなのですね。

 それぞれのコストの性質に合わせて、コスト管理していくことが大切なんだよ。

損益計算書には一般管理費という表示もありますが、一般管理費も管理の対象となりますよね。

 もちろん、性質に合わせた管理が必要だね。

一般管理費の管理のポイント

　一般管理業務とは、経営者によるマネジメント、財務・経理、人事労務、総務、法務などの不可欠な管理業務のことです。そして、一般管理業務を遂行するために発生するコストを、一般管理費といいます。具体的には、役員・管理部門の給料、旅費交通費、通信費、事務用品費、会議費などです。

> **用語解説**　一般管理費とは、一般管理業務を遂行するために発生するコストのこと。

　一般管理費は、主に間接部門に関わる管理業務で発生するコストですので、販売促進費のような売上高の変動によって大きく変動するコストではなく、また物流費のように標準原価を決めて管理するようなコストでもありません。
　一般管理業務は概ねルーチン化されているため、一般管理費はある一定期間にほぼ同じくらいの金額が発生する固定費的なコストだと言えます。よって、一

般管理費は過去のデータなどに基づき、固定予算によって管理するのが妥当です。その責任体制も、プロフィットセンターでなくコストセンターにおける管理とするのが一般的です。

　過去のデータに基づく固定予算とはいえ、一般管理費の管理は、製造原価や物流費と同様に業務の効率化や合理化によるコスト削減を図ることが重要です。また、コスト削減だけではなく、企画部門などでは新たな価値を生み出す創造的な側面も欠かせません。

　そこで、効果的な原価管理を実施するため、自社内のデータや業務内容との比較だけでなく、優れた企業やライバル企業のデータや業務内容をベンチマーク（基準）として、継続的に比較・改善していくことが必要となります。

一般管理費の指標

　自社の一般管理費が適正な水準であるかを見る指標に、売上高一般管理費率、売上高販管費率といった指標があります。

　売上高一般管理費率は、損益計算書上の売上高に対する一般管理費の比率で、次のような算式で求められます。

売上高一般管理費率％＝（一般管理費÷売上高）× 100

　一般管理費の主な項目は管理部門の人件費ですので、この比率が低い方が業務の効率化や合理化が進んでいると考えられます。

　売上高一般管理費率は、社内の指標としては便利ですが、外部者がベンチマークとして使用しようとすると、損益計算書の情報からだけでは、販売費と一般管理費を切り分けることは現実的には困難です。そこで、売上高販管費率を使うこともあります。

　売上高販管費率とは、売上高に対する販売費と一般管理費の比率で、次のような算式です。

売上高販管費％＝（販売費及び一般化管理費÷売上高）× 100

業務の効率性の指標

　企業規模が大きくなると、一般的に管理業務が増え、管理部門の人数も増える傾向にあります。そのため、売上高一般管理費率や売上高販管費率の上昇には注意が必要です。一般管理部門の人数が適正かどうかの1つの判断目安として、労働生産性の指標があります。

　生産性は、インプット投入量とアウトプットの関係で、企業活動がどれだけ効率的に行われているかを示します。そして労働生産性は、経営資源である人（インプット）によって、どれだけ付加価値（アウトプット）を創出したかを次の式で表します。

　労働生産性（円）＝付加価値÷従業員数

　この労働生産性の考え方を、一般管理部門の業務活動が効率的に行われているかの指標として活用することができます。

　一般管理部門の労働生産性（円）　　　　　　　　　　・・・式①
　＝付加価値÷一般管理部門の従業員数

　この数値が高いということは、少ない管理部門のスタッフで会社をサポートし、価値の創出に貢献しているということです。

　また、式①は分子と分母に売上高をかませることで、次のように分解することができます。

　一般管理部門の労働生産性（円）　　　　　　　　　　・・・式②
　＝（売上高÷一般管理部門の従業員数）×（付加価値÷売上高）

　式②のように分解することで、労働生産性の変化を、一般管理業務の効率化の要因（式②の前半）によるものなのか、そもそも売上に対する付加価値の割合の要因（式②の後半）によるものなのかと、さらに突っ込んだ分析ができます。

　ところで、付加価値とは、企業がある一定期間に生み出した価値のことです。企業には従業員、投資家、債権者、賃貸者、政府といった利害関係者がいます。

企業は事業活動の結果、各利害関係者に給料、配当、利子、家賃、税金等を支払っています。その合計が、企業の生み出した付加価値です。

日本の主な付加価値の算定方法には、次のようなものがあります。

経常利益＋人件費＋金融費用＋賃借料＋租税公課＋減価償却費

実質金融費用＋税引後当期純利益＋人件費＋租税公課＋減価償却費

生産高－外部購入価額（直接材料費＋買入部品費＋外注加工費＋間接材料費）

役員報酬＋従業員給料手当＋福利費＋動産・不動産賃借料＋支払利息割引料＋営業利益＋租税公課

どの方法を使用しなければならないということはありませんが、期間比較をしたり、ライバル企業やベンチマークする企業と比較する際は、同じ算定方法で比較をするようにしましょう。

4-3 のまとめ

・一般管理費とは、一般管理業務を遂行するために発生するコストのこと。
・一般管理費は過去のデータなどに基づき、固定予算によって管理するのが妥当。
・一般管理費をベンチマークする指標として、売上高一般管理費率、売上高販管費率、労働生産性といった指標がある。

演習問題

下記の資料に基づいて、労働生産性を計算してください。この企業の従業員数は5人です。なお、付加価値の算定方法には日銀方式を用いるものとします。

損益計算書	（単位：円）
売上高	100,000,000
売上原価	50,000,000
売上総利益	50,000,000
販売費及び一般管理費	40,000,000
営業利益	10,000,000
営業外収益	
受取利息配当金	500,000
営業外費用	
支払利息	1,500,000
経常利益	9,000,000

★販売費及び一般管理費の内訳

給料	25,000,000
賃借料	3,600,000
租税公課	400,000
減価償却費	1,000,000
その他	10,000,000

解答

付加価値が40,000千円、従業員数5人なので、労働生産性8,000千円となる。

解説

企業が生み出した価値を加算していきましょう。

日銀方式は、企業活動で得た利益に、企業を取り巻く利害関係者に支払った費用を加算していく方法です。

日銀方式

付加価値40,000千円＝経常利益9,000千円＋人件費25,000千円＋金融費用（支払利息1,500千円 - 受取利息配当金500千円）＋賃借料3,600千円＋租税公課400千円＋減価償却費1,000千円

労働生産性8,000千円＝付加価値40,000千円÷従業員数5人

日本の労働生産性は低く、特にホワイトカラーの労働生産性が問題だと言われています。実際のところ、日本の労働生産性は他の国に比べて劣っているのでしょうか？

ここに興味深いデータがあります。公益財団法人日本生産性本部「労働生産性の国際比較 2019」によると、OECD データに基づく 2018 年の日本の時間当たり労働生産性は、OECD 加盟 36 カ国中 21 位。また就業者 1 人当たり労働生産性も同様に、21 位となっています。

＊OECD とは、経済協力開発機構（Organization for Economic Co-operation and Development）のことで、世界 37 カ国が加盟しており、1964 年に日本も加盟しています。

（1）日本の 1 人当たり労働生産性は 81,258 ドル。OECD 加盟 36 カ国中 21 位

2018 年の日本の 1 人当たり労働生産性（就業者 1 人当たり付加価値）は、81,258 ドル（824 万円）で、英国 93,482 ドル（948 万円）やカナダ 95,553 ドル（969 万円）といった国をやや下回る水準です。

50 年間、この順位はほぼ変わっていませんので、労働生産性は低いと言わざるを得ないかもしれません。

就業者1人当たり労働生産性　上位10カ国の変遷

	1970年	1980年	1990年	2000年	2010年	2018年
1	米国	オランダ	ルクセンブルグ	ルクセンブルグ	ルクセンブルグ	アイルランド
2	ルクセンブルグ	ルクセンブルグ	米国	米国	ノルウェー	ルクセンブルグ
3	カナダ	米国	ベルギー	ノルウェー	米国	米国
4	オーストラリア	ベルギー	イタリア	イタリア	アイルランド	ノルウェー
5	ベルギー	イタリア	ドイツ	イスラエル	スイス	スイス
6	ドイツ	アイスランド	オランダ	ベルギー	ベルギー	ベルギー
7	ニュージーランド	ドイツ	フランス	アイルランド	イタリア	オーストリア
8	イタリア	カナダ	アイスランド	スイス	フランス	フランス
9	スウェーデン	オーストリア	オーストリア	フランス	オランダ	デンマーク
10	アイスランド	フランス	カナダ	オランダ	デンマーク	オランダ
-	日本（20位）	日本（20位）	日本（14位）	日本（21位）	日本（21位）	日本（21位）

日本生産性本部「労働生産性の国際比較2019」より抜粋

（2）日本の製造業の労働生産性は98,157ドルで、OECDに加盟する主要31カ国中14位

　日本の製造業の労働生産性水準（就業者1人当たり付加価値）は98,157ドル（1,104万円）で、日本の水準は米国の7割程度です。

　日本全体の1人当たりの労働生産性が21位で、日本の製造業に限ると14位ということは、やはり製造部門の労働生産性よりもホワイトカラーの生産性がさらに低いと言えます。

　1人当たりの労働生産性だけでなく、時間当たり労働生産性も、同報告書によるとほぼ同様な水準となっています。

　人口減少が進む日本において、ITやAIを活用した業務の合理化、テレワークの活用など、労働生産性の向上は大きな課題だと言えるでしょう。

研究開発費の管理の方法

－研究開発業務で発生するコストを知る

仕事がどんどんAI化されて業務がなくなってしまうという記事を読んだのですが、会計業務もなくなってしまうのでしょうか？

 領収書の読み取りとか仕訳処理とか、ある部分はAIの活用によって縮小していくかもしれないね。

やはりそうなんですか。業務が効率化されるのはいいことですが、仕事がなくなる怖さもありますね。

 その分、研究開発などの付加価値の高い業務に移行していかないとダメだよな。

研究と開発

　研究開発業務とは、新製品や新技術の研究や開発に関する業務で、企業の持続的な成長には不可欠な業務です。研究開発業務を遂行するために発生するコストを、研究開発費といいます。具体的には、研究開発に携わる従業員の給料、原材料費、固定資産の減価償却費、間接費の配賦費などです。

　組織上の部門に関係なく、その活動が実質的に研究開発活動に当たれば、研究開発のコストと考えられます。

> **用語解説** 研究開発費とは、研究開発業務を遂行するために発生するコストのこと。

　一般的に、研究開発費は研究と開発に関するコストに区分されます（企業会計審議会「研究開発費に係る会計基準の設定に関する意見書」）。研究とは、「新しい知識の発見を目的とした計画的な調査や探求」を指します。もう少しわか

りやすく説明すると、研究とは、今までにない製品やサービスに関するアイデアを導き出すための活動です。よって、既存の製品の品質改良、製造工程の改善、品質管理活動は研究には当たりません。

　一方、開発とは「新しい製品・サービス・生産方法についての計画、もしくは設計、または既存の製品等を著しく改良するための計画、もしくは設計として、研究の成果その他の知識を具体化すること」です。開発は研究よりも、製品として実用化に向けての色合いが強いイメージとなります。

研究開発費の会計処理

　まず最初に、財務会計的に研究開発費をどのように捉えているかを確認します。
　従来、各企業の任意で、研究開発費は費用または「長期前払費用」として繰延資産に計上する処理が取られていました。しかし、企業によって会計処理が異なると、企業間の比較可能性を損なうため、現在では全て発生時に費用として処理しなければならなくなっています。費用として具体的に処理する方法には、一般管理費として処理する方法と、当期製造費用として処理する方法が認められています。

（1）一般管理費として処理する方法
研究開発費が発生した期の全ての金額がコストとなります。

（2）当期製造費用として処理する方法
発生したコストの一部が、仕掛品や製品などとして棚卸資産に計上されます。言い換えると、発生したコストの一部はその期のコストにならず、繰り越されるということです。

研究開発費の管理のポイント

　前述のように、財務会計では研究開発費の費用的な側面に着目して、基本的にはその期の費用として処理しています。しかし管理会計的に考えると、研究開発費には、コストとして消費した費用的な側面と、将来の発展に向けた投資的な側面があります。

この2つの側面から、研究開発費を管理していかないと判断を誤る恐れがあります。

（1）研究開発の費用的な側面

研究開発費は、経営者の経営方針によって左右される性質のコスト（ポリシーコスト）ですので、一般的には割当予算として設定されます。

研究開発費の予算の設定方法には、次の方法があります。

①トップダウン型

トップが自社の売上高や利益を基準に予算を設定したり、またはライバル企業との比較から予算を決定する方法。

②ボトムアップ型

研究開発者がプロジェクトのテーマに沿って、計画を立案し予算を請求する方法。

③折衷型

トップダウン型とボトムアップ型の折衷方法で、トップの方針に基づき研究開発者が予算を請求する方法。

いずれの方法で予算が設定されるにしても、研究開発費は研究開発者の給与や固定資産の減価償却を中心とした諸経費が合わさった複合的な費用ですので、個々の費目ごとに集計し管理していくことになります。財務会計の処理上は、一般管理費または当期製造費用として集計されることになりますが、管理会計から見ると、適切な製品原価の算定やコスト管理のためには、当期製造費用に計上し製造原価として管理することが好ましいです。

（2）研究開発の投資的な側面

研究開発費は、財務会計においてはその期に費消した費用となりますが、将来の売上に貢献する技術や製品を作るといった意味では、設備投資と同じで、研究開発投資として考えていく必要があります。そのため、研究開発を投資的な側面から捉えた場合、投資評価（第8章参照）と同じですので、会計期間ではなく、プロジェクトごと（期間、テーマ）の採算管理となります。

具体的には、研究開発の投資額と、その研究開発から獲得される収益との比較によって、研究開発の採算が評価されます。

投資評価の方法にはいろいろなものがありますが、わかり安さと使いやすさから、オルセン（Fred Olsen）氏が提唱した研究開発収益性指標（Index of Return）が実用的な方法として使われています。

研究開発収益性指標
＝（研究開発収益見積額×成功確率）÷研究開発費見積額

では、研究開発収益見積額は、どのように算出したらよいのでしょうか？
オルセン法では、次のようにモデル化しています。

研究開発収益見積額＝Σ（①新製品売上高×売上高研究開発費率×年数＋②改良品売上高×売上高研究開発費率×年数＋③工程合理化節約費×年数）

①新製品売上高×売上高研究開発費率×年数

新製品については、その製品の予測される売上高に対する研究開発費の割合の、ある一定の年数分。

②改良品売上高×売上高研究開発費率×年数

既存製品の改良について、その改良品の予測される売上高に対する研究開発費の割合の、ある一定の年数分。

③工程合理化節約費

製品の製造方法の合理化によるコスト削減や、生産量の増加分のある一定の年数分。

オルセンによる研究開発収益性指標の適正値には、業種の特性や企業の特性による違いがあり、一概にいくつと言うことは難しいですが、一般的に3.0以上あることが望ましいと言われています。

なお、研究開発投資から得られる成果には、収益性のみでなく、特許出願件数、技術供与件数、マスコミ掲載数など他の定量的な便益もあります。さらに、ブランドイメージ、信用力など無形の貢献度もあります。よって、個々の企業の状況に応じて、総合的に評価の仕組みを模索していくことが求められます。

日本の企業の研究開発費は、実際にどのくらい使われているのでしょうか？

目安になる指標に、売上高に対する研究開発費の割合を示す、次のような売上高研究開発費率があります。

売上高研究開発費率%
＝（研究開発費÷売上高）× 100

売上高研究開発費率は、業界によって大きく異なります。

日経リサーチ「スマートワーク経営」調査（2014～2016年度）によると、日本企業の平均は2.32％で、製造業が3.44％、非製造業が0.70％となっており、製造業の研究開発費が多くなっています。製造業の中でも、特に医薬品業界が14.12％と突出しています。

研究開発費の割合は、業界の特性を表しているとも言えるので、自社のデータからだけではなく、業界平均をベンチマークしておく必要もあります。

4-4 のまとめ

・研究開発費とは、研究開発業務を遂行するために発生するコストのこと。
・研究開発費は、過去のデータやライバルの動向などに基づいて、割当予算によって設定するのが妥当。
・研究開発費には、費用的な側面と投資的な側面があるため、両方の観点から管理していくことが重要。

演習問題

　　下記の資料に基づいて、オルセンの研究開発収益性指標によって妥当な研究開発費を見積もってください。なお、過去のデータに基づき、成功率75％、指標の数値は3.0が適正と仮定します。

・**新製品に関して**
　予想売上高100,000千円、売上高研究開発費率3％、貢献年数5年

・**既存製品に関して**
　予想売上高100,000千円、売上高研究開発費率2％、貢献年数2年

・**工程合理化に関して**
　節約費用5,000千円、貢献年数1年

解答

　　研究開発費見積額X千円＝6,000千円、となる。

解説

　　3つの影響を考えて累計しましょう。
　　オルセン法では、次のようにモデル化していました。

研究開発収益性指標＝（研究開発収益見積額×成功確率）÷研究開発費見積額

　　まずは、研究開発収益の額を見積もります。

研究開発収益見積額24,000千円＝Σ（新製品売上高100,000千円×売上高研究開発費率3％×年数5年＋改良品売上高100,000千円×売上高研究開発費率2％×年数2年＋工程合理化節約費5,000千円×年数1年）

　　よって、「研究開発収益性指標3.0＝（研究開発収益見積額24,000千円×成功確率75％）÷研究開発費見積額X千円」となります。
　　従って、研究開発費見積額X千円＝6,000千円が妥当となります。

基礎的な研究にせよ、製品化に向けての開発にせよ、どちらも企業の持続的な成長には欠かせない活動です。情報通信技術やAIなど大きな技術変化が起きている今日、基礎的な研究と製品開発の重要性は日々高まっています。しかし、日本では以前ほど、研究開発に積極的な姿勢が見受けられません。

実際に日本の研究開発費の推移を見てみると、リーマンショックの2009年に一度落ち込みはしたものの、緩やかに伸びており、研究開発費は13.8兆円（対前年比は3.6％増）となっています。しかし、アメリカや中国に比べると、総額も伸びも見劣りします。

主要国における企業部門の研究開発

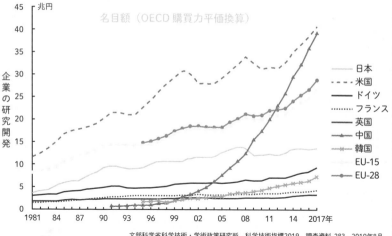

文部科学省科学技術・学術政策研究所、科学技術指標2019、調査資料-283、2019年8月

日本企業の研究開発費は緩やかに伸びているものの、長期的に世界トップ規模を保っているアメリカや、2000年以降に大幅に伸びている中国と比較すると、その規模は大きくありません。

グローバル化した社会で日本企業が生き残っていくためには、より高い付加価値を持つ新技術や製品の開発が非常に重要です。研究開発の効率性を重視していくと同時に、創造的な研究開発を実施していく人材育成や環境整備が喫緊の課題と言えそうです。

営業費の分析の方法

－損益計算書を作り変える

一概に営業費といっても、色々ありますよね。

今回は、その中心である販売促進費、物流費、一般管理費、研究開発費の4つについて考えてみようか。

それぞれの性質に従っていかないとダメだということですか?

コストといっても性質が違うからね。では、利益との関係では、どう捉えていったらいいと思う?

営業費分析

　営業費は、製造間接費のように製品に配賦されることはなく（研究開発費を除く）、販売費及び一般管理費として、会計期間内のコストとして売上高と対応させることになります。

　その内容を分析することを、営業費分析といいます。

　営業費分析においては、製品ごと、販売地域ごと、顧客ごとといったセグメントごとに、売上と営業費の関係を分析し、営業活動の効率化を図ることを目的としています。

> **用語解説** **営業費分析**とは、セグメントごとに売上と営業費の関係を分析すること。

営業費分析の方法には、全部原価法（full-cost approach）と貢献利益法

(contribution margin approach) という方法があります。2つの違いは、財務会計上の損益計算書をどのように作り変えるかという点です。ポイントは、会社全体として発生する本社費など、どのセグメントにも共通するコストをどのように扱うかと、その結果、どの利益でセグメントの業績を判断するかです。

次の地域別セグメントのデータを基に、2つの方法を見ていきましょう。

▼ 営業費の分析

A社は、地域別のセグメントごとに営業費を分析しています。各地域別セグメントのデータは次の通りです。なお、別途本社費用として2,000千円があります。

図4-5-1 **地域別セグメントのデータ**

(単位：千円)

X地域		Y地域	
売上高	10,000	売上高	12,000
売上原価	7,000	売上原価	8,400
販売促進費	1,000	販売促進費	1,200
物流費	500	物流費	600
一般管理費	500	一般管理費	700

- 販売数量　10,000個
- 販売単価　1,000円/個
- 製造単価　700円/個
- 従業員数　40人

- 販売数量　10,000個
- 販売単価　1,200円/個
- 製造単価　840円/個
- 従業員数　60人

- X地域とY地域の共通のコストとして、本社費用2,000千円

全部原価法

全部原価法とは、セグメント別の売上高から発生する製造原価、販売費及び一般管理費を全て賦課ないし配賦して控除し、利益を計算する方法です。純益法 (net profit approach) とも言われています。全部原価法では、各セグメントに対して、全ての発生したコストを負担させるべきであるという考え方を前提としています。そのため、各セグメントに直接関連するコストは各セグメントに賦課し、間接的に関連するコストは何らかの配賦基準に基づいて配賦されます。

配賦基準は、各企業が実態に合わせて公正な配賦基準を設定すべきです。一般的な配賦基準の例としては、次のようなものがあります。

セグメント別売上高、売上原価、売上総利益、従業員数、取扱数量、販売数量、占有面積等

> **用語解説**　全部原価法とは、セグメント別の売上高から、発生する製造原価、販売費及び一般管理費を全て賦課ないし配賦して控除し、利益を計算する方法のこと。

　全部原価法は、財務会計で作成する損益計算書のデータをもとに営業費分析できるため、作成も容易で理解しやすいというメリットがあります。また、全てのコストを各セグメントに配賦することで、全ての原価が回収されているか否かが確認できるため、安全性の指標としては好ましい面があります。実際、多くの日本の企業が全部原価法を採用していると言われています。

　その一方で、各セグメント毎の利益が信頼しうる情報かどうかは、配賦基準が信頼できるかどうかにかかっています。実際に、完全に恣意性を排除して、公正な配賦基準を設定することは困難な場合も多く、各セグメントの利益の合理性に問題が生じることもあります。また、本社費用などの共通のコストを配賦した後、赤字になってしまうようなセグメントがあると、そのセグメントは会社全体の利益に貢献していないような印象を与える恐れもあります。そのため、全部原価法は各セグメントの業績評価には不向きな面もあります。

　Ｘ地域とＹ地域のセグメント別の数値例を、全部原価法で見てみましょう。なお、本社費用は各地域の従業員数を配賦基準として、各地域のセグメントに配賦することとします。

　図4-5-2を見てください。本社費用も含めて全てのコストを、Ｘ地域とＹ地域のセグメントの売上でカバーできていますので、全社としては問題がないように考えられます。
　では、セグメント別の業績を評価するとしたらどうでしょうか？

　Ｘ地域は営業損益が200千円黒字、一方、Ｙ地域は営業損益が100千円赤字ですので、Ｘ地域のセグメントの方が業績がいいと判断できそうです。ただし、この評価は本社費用の配賦基準が各セグメントの従業員数であることが適正だという前提に立った場合に言えることです。

図 4-5-2 **全部原価法のセグメント別損益計算書**

	X地域	Y地域	合計 (単位：千円)
売上高	10,000	12,000	22,000
売上原価	7,000	8,400	15,400
売上総利益	3,000	3,600	6,600
販売促進費	1,000	1,200	2,200
物流費	500	600	1,100
一般管理費	500	700	1,200
本社費用	800	1,200	2,000
営業損益	200	▲100	100

本社費用2,000千円を各セグメントに、従業員数を配賦基準として配賦します。
・X地域の本社費用800千円
　＝本社費用2,000千円×（X地域の従業員数40人／全社の従業員数100名）
・Y地域の本社費用1,200千円
　＝本社費用2,000千円×（Y地域の従業員数60人／全社の従業員数100名）

　Y地域は赤字のため、会社全体の利益に貢献していないように見えますが、本社費用の配賦前には利益を出しているので、その判断は正しいとは言えません。
　この点は、次の貢献利益法で確認してみましょう。

貢献利益法

　貢献利益法とは、セグメント別の売上高から、各セグメントに直接的に関連するコストを控除して貢献利益を計算し、そこから各セグメントに直接関連しない共通費を一括で控除して利益を計算する方法です。総益法 (total profit approach) と言われます。
　貢献利益法では、各セグメントに対して、直接的に関連しないコストを負担させるべきでないという考え方を前提としています。そのため、各セグメントに間接的に関連するコストは、各セグメントに配賦されず一括で控除します。

用語
解説

貢献利益法とは、セグメント別の売上高から、各セグメントに直接的に関連するコストを控除して貢献利益を計算し、そこから各セグメントに直接関連しない共通費を一括で控除して利益を計算する方法のこと。

貢献利益法は、財務会計で作成する損益計算書では出てこない、貢献利益という概念が理解し難いというデメリットがあります。一方で、共通費を配賦しないため、恣意的な配賦基準の設定を排除できるというメリットがあります。また、各セグメント別の売上高が利益の獲得にどれだけ貢献しているかを明らかにするため、各セグメントの業績評価には向いています。

　X地域とY地域のセグメント別の数値例を、貢献利益法で見てみましょう。

図4-5-3　貢献利益法のセグメント別損益計算書

	X地域	Y地域	合計 （単位：千円）
売上高	10,000	12,000	22,000
売上原価	7,000	8,400	15,400
売上総利益	3,000	3,600	6,600
販売促進費	1,000	1,200	2,200
物流費	500	600	1,100
一般管理費	500	700	1,200
貢献利益	1,000	1,100	2,100
本社費用			2,000
営業損益			100

各セグメントの貢献利益は、各セグメントの売上高が会社全体の利益にどれだけ貢献しているかを表しています。本社費用2,000千円は、各セグメントに配賦せず、全社の貢献利益から一括して控除します。

　図4-5-3を見てください。本社費用も含めて、全てのコストをX地域とY地域のセグメントの売上でカバーできていますので、全社としては問題がないように考えられます。
　では、セグメント別の業績を評価するとしたら、どうでしょうか？
　X地域は貢献利益が1,000千円、一方、Y地域は貢献利益が1,100千円ですので、Y地域のセグメントの方が業績がいいと判断できます。
　全部原価法では、Y地域は営業損益で赤字であったため、会社全体の利益に貢献していないように見えました。しかし貢献利益法で考えると、実は本社費用の配賦前には利益を出していたことがわかります。このように、貢献利益法であれば、セグメントの業績の判断を誤ることを防ぐことができます。

- ・全部原価法とは、セグメント別の売上高から発生するコスト全てを賦課ないし配賦して控除し、利益を計算する方法である。
- ・貢献利益法とは、各セグメントの貢献利益を計算し、そこから共通費を一括で控除して利益を計算する方法である。
- ・貢献利益法の方が、セグメント別の業績評価には適している。

演習問題

　　本文中のＸ地域とＹ地域のセグメント別のデータ（図4-5-1参照）を参
考にして、販売数量を配賦基準とした場合の各セグメントの営業損益を求
めてください。

解答

　　Ｘ地域：営業損益０円
　　Ｙ地域：営業損益100千円

解説

配賦基準が変わったケースを考えてみましょう。

　　配賦基準を各セグメントの販売数量だとすると、本社費用2,000千円は
次のように配賦されます。

- Ｘ地域の本社費用1,000千円＝本社費用2,000千円×（Ｘ地域の販売数
  量10,000個／全社の販売数量20,000個）
- Ｙ地域の本社費用1,000千円＝本社費用2,000千円×（Ｙ地域の販売数
  量10,000個／全社の販売数量20,000個）

　　次に、各地域の営業損益を計算してみましょう。

**Ｘ地域の営業損益０円＝売上高10,000千円－売上原価7,000千円－販売
促進費1,000千円－物流費500千円－一般管理費500千円－本社費用
1,000千円**

**Ｙ地域の営業損益100千円＝売上高12,000千円－売上原価8,400千円－
販売促進費1,200千円－物流費600千円－一般管理費700千円－本社費用
1,000千円**

　　本文中では、各セグメントの従業員数を配賦基準として本社費用を配賦
しました。その場合、Ｘ地域の営業損益は200千円、Ｙ地域の営業損益は
▲100千円でした。このように配賦基準が変わってしまうと、各セグメン
トに配賦される本社費用が変わってしまいます。
　　全部原価法はわかりやすい側面はありますが、配賦基準の選定によって、
各セグメントの業績評価を歪めてしまう恐れがあるのです。

原価管理のための管理会計

第二部

原価計算

〜製品原価を計算する〜

　財務諸表作成、原価管理、予算管理のために、製品やサービスにかかった原価を明らかにする必要があります。そこで会社では様々な方法で製品やサービスの原価を計算しています。原価を計算する手続きのことを、原価計算（cost accounting）といいます。原価計算というと製造業に限った考え方のようですが、今日では建設業、ソフトウエア、サービス業など様々な分野で必要不可欠な考え方となっています。

　第5章では、まず基本的な原価計算の手続きを確認した後、代表的な原価計算の考え方である標準原価計算、直接原価計算、標準直接原価計算の方法を解説していきます。

原価計算の手続き

－製品の原価を計算する

原価計算の利用目的は何だと思う？

製造した製品の原価を計算して、財務諸表を作成することだと思います。

確かに、財務会計の分野での利用も1つの目的だね。ただ、他にも原価を計算した結果を活用して、販売価格の算定や、原価管理、利益管理といった経営の意思決定に役立てることができるんだよ。

管理会計的な利用目的もあるのですね。

製品原価の計算プロセス

　製品の原価を計算するにあたって、基本的には、（1）費目別に発生したコストを集計し、それらを（2）製造部門や補助部門ごとに集計しなおし、最後に（3）製品別に原価を計算するプロセスを踏みます。

（1）費目別原価計算

　費目別原価計算とは、原価を形態別（材料費、労務費、経費）に分類し、さらに機能別分類（直接費、間接費）を加えた原価の項目別の計算です。具体的には、直接材料費、直接労務費、直接経費、製造間接費（間接材料費、間接労務費、間接経費）の分類に従って計算されます。

　費目別原価計算は、財務会計上、財務諸表を作成するためには不可欠な計算手続きであると同時に、管理会計上も原価の構成要素を把握するための重要な計算手続きです。

図5-1-1 **原価計算のプロセス**

```
┌─────────────┐   ┌─────────────┐   ┌─────────────┐
│①費目別原価計算│→│②部門別原価計算│→│③製品別原価計算│
└─────────────┘   └─────────────┘   └─────────────┘
```

形態別分類	第1次集計	個別原価計算
材料費	部門個別費	
労務費	部門共通費	
経費		

機能別分類	第2次集計	総合原価計算
直接費	補助部門費	
間接費		

原価計算は原則として、①費目別原価計算、②部門別原価計算、③製品別原価計算の手順で進んでいきます。

（2）部門別原価計算

　部門別原価計算とは、費目別原価計算で把握された原価を、原価が発生した場所別に分類し集計する手続きです。一般的に、工場における部門は製造部門と補助部門に大きく分類されます。製造部門は、製品の生産に直接に従事する部門で、鋳造部、鍛造部、加工部、組立部などがあります。一方、補助部門は、その部門で生み出したサービスを製造部門や他の補助部門に提供する部門で、動力部、修繕部、工場管理部などがあります。

　部門別原価計算では、次の３つのステップで原価を部門別に集計します。

①直接材料費、直接労務費、直接経費の集計

②製造間接費の集計

　どの部門で発生したか直接認識できるコスト（部門個別費）は各部門に直課し、そうでないコスト（部門共通費）は各部門に適切な配賦基準によって配賦します。

③各補助部門に集計されたコストを、関係する各部門へ配賦

部門別原価計算は、製品別原価計算の前提となる計算手続きであると同時に、各部門の原価管理のためには不可欠な計算手続きです。

（3）製品別原価計算

製品別原価計算とは、原価を負担する製品別に原価を集計する手続きです。具体的には、部門別に集計した原価を一定の製品単位ごとに集計し、その後、単位あたりの製品の製造原価を計算します。

製品別原価計算では、財務会計上では財務諸表を作成するため、また管理会計上では原価管理や利益管理のために、製品原価の情報を提供することになります。

製品別原価計算は、個別原価計算（job order costing）か、総合原価計算（process costing）のどちらかの手法がとられます。

個別原価計算

個別原価計算とは、製造指図書ごとに原価を計算する製品別原価計算です。個別原価計算は、顧客の注文に応じて製品を製造するような受注生産タイプや、個々の製品やプロジェクトが相互に区別されている生産タイプの原価計算に適用されます。

顧客の注文に応じて、どのような材料を、どのように生産していくかが記載された仕様書に基づいて、製品ごとの製造指図書が発行されます。

原価計算においては、製造指図書から、製造指図書ごとに把握できる製造直接費（直接材料費、直接労務費、直接経費）と製造間接費を集計し、個別の原価計算表を作成します。製造直接費は、製造指図書に直接的に負担させます。これを、賦課・直課（direct charge）といいます。一方、製造間接費は、直接作業時間や機械稼働時間などの基準によって各製造指図書に割り振ります。これを、配賦（allocation）といいます。

> **用語解説** 個別原価計算とは、製造指図書ごとに原価を計算する製品別原価計算のこと。

個別原価計算の計算手続きを、次の資料をもとに確認してみましょう。

この製造部門では、3種類の製造指図書に基づいて受注生産を行っています。各製品の製造原価を、個別原価計算で求めてみましょう。

- ・No.102のみ月初仕掛品があります。
- ・No.103のみ月末仕掛品があります。
- ・この製造部門では、製造間接費2,000千円が発生しています。
- ・配賦基準として、直接作業時間が採用されています。
- ・直接作業時間は、No.101：200時間、No.102：500時間、No.103：300時間です。

図5-1-2　**ある製造部門の原価計算表**

（単位：千円）

製造指図書No.	No.101	No.102	No.103
月初仕掛品	0	2,500	0
直接材料費	2,000	1,500	1,800
直接労務費	1,200	3,000	2,000
直接経費	600	500	600
製造間接費	?	?	?
月末仕掛品	0	0	?
製造原価	?	?	?

すでに製造直接費（直接材料費、直接労務費、直接経費）は、各製造指図書に賦課がされています。あとは、製造間接費の配賦について検討する必要があります。

　この例では、製造間接費の配賦基準として直接作業時間が採用されていますので、製造間接費の配賦率は次のように表せます。

配賦率2千円/時間＝製造間接費額2,000千円÷直接作業時間合計
（200＋500＋300時間）
製造間接費配賦額＝配賦率×各製品の直接作業時間

　よって、各製品の製造間接費配賦額は次のように計算できます。

No.101：　400千円＝2千円/時間×200時間
No.102：1,000千円＝2千円/時間×500時間
No.103：　600千円＝2千円/時間×300時間

各製品ごとの製造間接費配賦額がわかりましたので、あとは製造原価が次のように算出されます。

製造原価＝月初仕掛品＋製造直接費＋製造間接費配賦額－月末仕掛品

No.101：製造原価4,200千円＝月初仕掛品0千円＋製造直接費3,800
　　　　　千円＋製造間接費配賦額400千円－月末仕掛品0千円

＞＞月初、月末とも仕掛品は存在しませんので、当月に発生した製造
　　費用が製造原価となります。

No.102：製造原価8,500千円＝月初仕掛品2,500千円＋製造直接費
　　　　　5,000千円＋製造間接費配賦額1,000千円－月末仕掛品0千円

＞＞月初に仕掛品がありますので、当月分の製造費用に加算した金額
　　が製造原価になります。

No.103：製造原価0千円＝月初仕掛品0千円＋製造直接費4,400千円
　　　　　＋製造間接費配賦額600千円－月末仕掛品5,000千円

＞＞当月末ではまだ製造中のため、仕掛品5,000千円となります。

実務に役立つ知識

　製造間接費の配賦基準として、本文の数値例で用いた直接作業時間のほかに、直接材料費、直接労務費、機械稼働時間が使われます。

　実務では、これまでの慣習として直接材料費や直接労務費を採用している企業もありますが、高い材料を使用した製品や、高い賃金の熟練工が作業した製品に、製造間接費が多く配賦されてしまいますので、これら2つを配賦基準とするのはあまり合理的とは言えません。他方、直接工が主に作業をして製品を製造する労働集約的な工場などでは、直接作業時間は配賦基準（別名、マンレート法）とすることが適しています。また、ロボットなどが作業の中心となるオートメーション化された工場などでは、機械稼働時間を配賦基準（別名、マシンレート法）として採用することが適切な基準だと言えます。

総合原価計算

　総合原価計算とは、一定期間（通常は1ヶ月）の総製造費用を集計し、その総製造費用をその期間に生産された生産量で除して、製品の単位原価を計算する原価計算です。総合原価計算は受注を予測した見込み生産タイプや、自動車、家電製品などのように標準品を量産する連続・反復的な生産タイプの原価計算

に適用されます。

　総合原価計算では、月初と月末に仕掛品がなく、その月に投入した原材料も全て消費された場合、次の算式で単位原価が計算されます。

製品の単位原価
＝完成品製造原価÷完成品数量＝当月製造費用÷生産量

　仮に当月の製造費用が1,000千円で、生産量が1,000個だとすると、製品の単位原価1千円となります。こう考えると、総合原価計算は非常に単純な原価計算方法に感じます。しかし、実際には月初も月末も仕掛品が存在しない、また原材料もすべて使い切るということはまれなケースです。

　そこで、仕掛品が存在する総合原価計算を理解する必要があります。

 用語解説　総合原価計算とは、一定期間（通常は1ヶ月）の総製造費用を集計し、その総製造費用をその期間に生産された生産量で除して、製品の単位原価を計算する原価計算のこと。

　仕掛品が存在するケースでは、①月初仕掛品原価と②当月製造費用を、どのように④完成品製造原価と③月末仕掛品原価に割り当てるかがポイントなります。4つの項目の関係を図示すると、図5-1-3のようになります。

図5-1-3　**当月製造費用と完成品製造原価の関係**

①月初仕掛品原価

④完成品製造原価

②当月製造費用

③月末仕掛品原価

①月初仕掛品原価＋②当月製造費用＝④完成品製造原価＋③月末仕掛品原価

①月初仕掛品原価と②当月製造費用の合計と、④完成品製造原価と③月末仕掛品原価の合計は一致します。

図5-1-3に示されているように、ボックス図の左側と右側は一致しています
ので、総合原価計算で計算する製品単位あたりの原価は、④完成品製造原価を
完成品数量で割ることで、次のように求めることができます。

製品の単位原価＝④完成品製造原価÷完成品数量

　では、右辺の２つの項目を順を追って見ていきましょう。
④完成品製造原価は、次の式で計算できます。

④完成品製造原価
＝①月初仕掛品原価＋②当月製造費用－③月末仕掛品原価

　総合原価計算においては、①月初仕掛品原価は既知の数字ですので、まず②
当月製造費用を集計し、③月末仕掛品原価を計算することになります。

　③月末仕掛品原価の一般的な算出方法には、①月初仕掛品原価＋②当月製造
費用の合計が、③月末仕掛品原価と④完成品製造原価に平均的に按分されると
いう仮定に基づく平均法（average method）があります。

実務に役立つ知恵

　月末仕掛品原価の一般的な算出方法には平均
法のほか、次のような方法があります。

・先入先出法(fifo；first-in first-out method)
　月初仕掛品原価は完成品原価を構成し、当月
製造費用の単位原価をもって月末仕掛品原価
を計算する方法。

・後入先出法(lifo；last-in last-out method)
　当月製造費用がまず完成品原価を構成し、そ
の残余分と月初仕掛品原価の単位原価をもっ
て月末仕掛品原価を計算する方法。

　どちらの方法も平均法に比べて計算が複雑な
ため、平均法によることが一般的です。また、後
入先出法は生産における物の流れに反した仮定
に基づくなどの理由で、日本の会計基準では認
められていません。

総合原価計算の例

　では、総合原価計算による平均法の計算を具体的に見ていきましょう。
　A社は製品Ｚを生産しています。次の数値例を参考にして、月末仕掛品原価、
完成品製造原価、完成品単位原価を求めてください。

図5-1-4	製品Zの生産と原価のデータ				
		材料費	加工費	合計	
月初仕掛品	200個（40%）	5,000円	4,000円	9,000円	
当月受入	800個	55,000円	38,500円	93,500円	
投入合計	1,000個	60,000円	42,500円	102,500円	
完成品	700個				
月末仕掛品	300個（50%）				
産出合計	1,000個	（ ）内は加工費の進捗度を示しています。			

　月末仕掛品原価と完成品原価を計算するにあたって、まず材料費と加工費を区分して考えます。なぜなら、通常、材料は工程のスタート時に投入されますので、加工の工程が残っていたとしても100%のコストは発生していると考えられます。一方、加工費は加工の工程の進み具合（<u>進捗度</u>）によって、コストとして認識されていきます。材料費と加工費ではコストの認識のタイミングが違うため、総合原価計算する上で両者を区分して計算します。

＊材料費の計算

　まずは、材料費に関する期末仕掛品原価を計算します。

製品単位あたりの材料費60円/個
＝総製造費用（月初仕掛品材料費5,000円＋当月材料費55,000円）÷
　期間生産量（完成品数量700個＋月末仕掛品数量300個）

よって、

月末仕掛品材料費18,000円＝60円/個×月末仕掛品数量300個

以上から、

材料費の完成品原価42,000円
＝総材料費（5,000円＋55,000円）－月末仕掛品材料費18,000円

＊加工費の計算

次に、加工費に関する月末仕掛品原価を計算します。

材料費に関しては、総製造費用を期間生産量で割るだけですので、それほど難しくはありませんでした。加工費に関しては、進捗度を加味して、月初と月末の仕掛品数量を考えなければいけませんので注意が必要です。進捗度を加味した仕掛品数量のことを、完成品換算量といいます。もともとの仕掛品数量に進捗度を乗じたものが、完成品換算量です。

月初仕掛品の完成品換算量80個＝月初仕掛品数量200個×進捗度40％
月末仕掛品の完成品換算量150個＝月末仕掛品数量300個×進捗度50％

似た言葉に、完成品換算総量があります。完成品換算総量とは、完成品数量と期末仕掛品の完成品換算量を足した期間生産量のことです。

製品単位あたりの加工費50円/個
＝（月初仕掛品加工費4,000円＋当月加工費38,500円）÷（完成品数量
700個＋月末仕掛品の完成品換算量150個）

よって、

期末仕掛品加工費7,500円
＝50円/個×月末仕掛品の完成品換算量150個

以上から、

加工費の完成品製造原価35,000円
＝総製造費用（4,000円＋38,500円）－月末仕掛品加工費7,500円

＊月末仕掛品原価、完成品原価、完成品単位原価

・月末仕掛品原価25,500円
　＝月末仕掛品材料費18,000円＋月末仕掛品加工費7,500円
・完成品原価77,000円
　＝材料費の完成品原価42,000円＋加工費の完成品原価35,000円
・完成品単位原価110円/個＝完成品原価77,000円÷完成品数量700個

以上、総合原価計算の手続きは確認できたでしょうか？

　慣れるまでは、図5-1-5のようなBOX図を活用して、月末仕掛品原価や完成品製造原価を求めると便利です。前述した総合原価計算の方法を思い出しながら、もう一度、BOX図を使って手順を振り返ってみましょう。

STEP 1 : BOX図の左側の総製造費用（①月初仕掛品原価＋②当月製造費用）、<u>金額</u>を求めます。

STEP 2 : BOX図の右側の完成品換算総量（④完成品数量＋③月末仕掛品の完成品換算量）、<u>数量</u>を求めます。

STEP 3 : 単位あたり月末仕掛品原価（BOX図の左側の総製造費用÷BOX図の右側の完成品換算総量）を求めます。

STEP 4 : ③月末仕掛品原価（単位あたり月末仕掛品原価×月末仕掛品の完成品換算量）を求めます。

STEP 5 : ④完成品製造原価（BOX図の左側の総製造費用①②－③月末仕掛品原価）を求めます。

STEP 6 : 完成品単位原価（④完成品製造原価÷完成品数量）を求めます。

図5-1-5 **BOX図の活用**

材料費　　　　　　　　　　　　　　　加工費

①月初仕掛品原価
200個
5,000円

④完成品製造原価
700個
?

①月初仕掛品原価
200個×40%
4,000円

④完成品製造原価
700個
?

②当月製造費用
800個
55,000円

③月末仕掛品原価
300個
?

②当月製造費用
?個
38,500円

③月末仕掛品原価
300個×50%
?

BOX図の左側は既にわかっているコストです。一方、右側はこれから算出するコストです。総合原価計算では、まず③月末仕掛品原価を計算し、BOX図の左側①＋②から差し引いて、④完成品製造原価を求めます。

5-1 のまとめ

- 製品の原価計算は、（1）費目別原価計算、（2）部門別原価計算、（3）製品別原価計算の手順を踏む。
- 個別原価計算とは、製造指図書にごとに原価を計算する製品別原価計算の方法のこと。
- 総合原価計算とは、一定期間（通常は1ヶ月）の総製造費用を集計し、その総製造費用をその期間に生産された生産量で除して、製品の単位原価を計算する製品別原価計算の方法のこと。

演習問題

　本編の図5-1-4（P165参照）のうち、月初仕掛品の加工費の進捗度のみが50％と変わった場合の、月末仕掛品原価、完成品製造原価、完成品単位原価を求めてください。なお、期末仕掛品の評価方法は平均法によるものとします。

解答

　月末仕掛品原価、完成品製造原価、完成品単位原価は次のようになる。

- ・月末仕掛品原価25,500円
  ＝月末仕掛品材料費18,000円＋月末仕掛品加工費7,500円
- ・完成品製造原価77,000円
  ＝材料費の完成品製造原価42,000円＋加工費の完成品製造原価35,000円
- ・完成品単位原価110円／個
  ＝完成品製造原価77,000円÷完成品数量700個

解説

平均法の計算方法を確認してみましょう。
平均法は、次のような算式で表すことができます。

月末仕掛品原価＝｛（月初仕掛品原価＋当期製造費用）÷（完成品数量＋月末仕掛品換算数量）｝×月末仕掛品換算数量

　まずは、材料費から検討してみます。
　材料費に関しては、加工費の進捗度は関係ありませんので、本文の計算例と同様の結果となります。

材料費の完成品製造原価42,000円
＝総材料費（5,000円＋55,000円）－月末仕掛品材料費18,000円
　　　　　　　　　　　　　　　　　・・・（P165参照）

次に、加工費はどのようになるでしょうか？

加工費の月初仕掛品の進捗度のみが変化するという仮定だとすると、図5-1-5のBOXの左側の金額は変わりません。つまり、加工費の総製造費用（期首仕掛品原価＋当期製造費用）は同じ金額のままです。

実は、図5-1-5のBOXの右側の数量も変わりません。つまり、加工費の期間生産量（完成品数量＋月末仕掛品換算数量）は同じ数量のままです。

よって、次のようになります。

加工費の完成品原価35,000円
＝総製造費用（4,000円＋38,500円）－月末仕掛品加工費7,500円
・・・・（P166参照）

以上から、月末仕掛品原価、完成品原価、完成品単位原価は、次のようになります。

・月末仕掛品原価25,500円
＝月末仕掛品材料費18,000円＋月末仕掛品加工費7,500円
・完成品製造原価77,000円
＝材料費の完成品原価42,000円＋加工費の完成品原価35,000円
・完成品単位原価110円／個
＝完成品製造原価77,000円÷完成品数量700個

結果的に、月初仕掛品の進捗度が変わったとしても、月末仕掛品原価、完成品製造原価、完成品単位原価には影響を与えません。なぜなら、平均法の計算方法は「加工費の総製造費用（BOXの左側の金額合計）÷加工費の期間生産量（BOXの右側の数量合計）」だからです。

ただし実際の場合は、加工費の月初仕掛品の進捗度が変われば、月初仕掛品の加工費も変化するはずですので、月末仕掛品原価、完成品製造原価、完成品単位原価は変わることが一般的です。

以上、この演習問題では、月初仕掛品の進捗度だけが変わるという極端な仮定をおいて、平均法の計算方法を確認しました。

標準原価計算①

－標準原価と実際原価の差（1）

 総製造費用を期間生産量で割って、期末仕掛品原価を計算するという総合原価計算の仕組みはわかったかい？

はい。BOX図の左側のコストと、右側の数量を分けて考えることがポイントですよね。

 そうだね。でも、その考え方のままでは、原価管理にはなかなか役立てることができないと思うよ。

実際原価計算と標準原価計算

　5-1で検討してきた総合原価計算では、実際に発生した材料費や加工費を集計して、期末仕掛品原価や完成品原価を計算しました。こうした実際に発生した原価をベースに製品原価を計算する方法を、実際原価計算（actual cost accounting）といいます。

　実際原価計算は、材料などの実際の価格と実際の消費量を元に、期末仕掛品原価や完成品原価を計算するため、財務諸表の作成目的のためには適している側面もあります。その一方で、実際原価計算は実際の価格や消費量に基づくため、あくまでも結果にしか過ぎず、原価をどのように削減していこうかという原価管理に役立つ情報を提供するには限度があります。

　そこで、実際原価計算の限界を克服するために、標準原価計算（standard cost accounting）の考え方が誕生しました。
　標準原価計算とは、原価計算のプロセスの中に、原価の発生目標である原価標準（cost standard）を導入して標準原価（standard cost）を計算し、標準原価と実際原価の差異を分析して、財務諸表作成と原価管理に役立つ情報を提供しようとする原価計算の方法です。

具体的には、次の手順で計算していきます。

①製品の製造前に、前もって原価発生の目標とする原価標準を設定する
②発生するはずであった標準原価を計算する
③実際に発生した実際原価を計算する
④標準原価と実際原価の差異を計算・分析する
⑤その結果を関係者に報告する

原価標準の設定

標準原価計算のスタートは、直接材料費、直接労務費、製造間接費のそれぞれの目標とするコスト、つまり原価標準を設定することです。

まずは直接材料費の原価標準から見ていきましょう。

直接材料費の原価標準は、技術部門などが作成した標準仕様書に基づいて、直接材料の種類ごとに次のように設定します。

直接材料費の原価標準
＝製品単位あたりの標準消費量×材料単位あたりの標準価格

標準消費量は、試作の段階の標準的な歩留まりや、過去の実績データなどを用いて決定します。また、標準価格は外部の市場動向の影響を受けますので、購買部門と価格動向などを予測して決定します。

次に、直接労務費の原価標準です。

直接労務費の原価標準
＝製品単位あたりの標準直接作業時間×標準賃率

標準直接作業時間は、動作研究・時間研究や、過去の実績データなどから決定します。また、標準賃率は、部門ごとに設定された予定平均賃率を活用して

設定します。

　直接材料費と直接労務費の原価標準は、算式にすると難しいような感じがしますが、目標とする数量（消費量や作業時間）に、目標とする価格（材料の単価や賃率）をかけているだけです。結局のところ、数量×単価に過ぎません。

　それらに比べて少し複雑なのが、製造間接費の原価標準です。製造間接費は、直接材料費や直接労務費と異なり固定費的なコストも含みますので、部門別の予算として設定されます。部門別の予算の設定方法には、ある一定の予定操業度のみの製造間接費の予算を設定する固定予算（fixed budget）と、操業の水準に応じて製造間接費の予算を設定する変動予算（flexible budget）があります。変動予算の方が理論的ですが、実務的には簡便なため、固定予算を採用している企業が多いと言われています。

　どちらの方法を採るにしても、基本的には次の算式で原価標準を算定します。

製造間接費の原価標準＝製品単位あたりの標準配賦基準数値×標準配賦率

標準配賦率＝製造間接費予算額÷予定配賦基準数値

　配賦基準数値としては、一般的に直接作業時間が多く使われていますが、オートメーション化が進んでいる工場などでは機械稼働時間を使っているところもあります。

　直接材料費、直接労務費、製造間接費の原価標準が設定されると、図5-2-1のような標準原価カード（standard cost card）に原価標準をまとめます。標準原価カードは、製品単位あたりの標準となる原価をまとめたものと言えます。

図5-2-1 **製品Aの原価標準**

直接材料費	標準消費量100ｇ	標準価格10円	1,000円
直接労務費	標準直接作業時間2時間	標準賃率1,000円	2,000円
製造間接費	標準配賦基準数値2時間	標準配賦率600円	1,200円
標準製造原価			4,200円

標準配賦基準数値として標準作業時間を用いるものとします

標準原価カードは、製品単位あたりのコストを直接材料費、直接労務費、製造間接費ごとに集計し、それを部門別にまとめたカードです。

原価差異の分析

　製造前に原価標準が設定され、目標とする標準原価が計算されます。また、製造後に実際に発生した実際原価も算定されます。通常、実際原価と標準原価の間には差異が生じます。その差異を把握することを、原価差異分析（cost variance analysis）といいます。

> **用語解説**　原価差異分析とは、目標とする標準原価と実際に発生した実際原価の差異を分析すること。

　原価差異分析のポイントは、①原価要素別（直接材料費、直接労務費、製造間接費）に分析すること、また、②価格と数量の2つの要素に分けて分析することです。

直接材料費の差異分析

　直接材料費の差異は、直接材料費の標準原価と実際発生額の差額を、材料ごとに価格差異（price variance）と数量差異（quantity variance）の2つに分けて分析します。

　価格差異 ＝（標準価格 － 実際価格）× 実際消費量
　数量差異 ＝（標準消費量 － 実際消費量）× 標準価格

　この算式で計算された金額がプラスであれば、標準の価格や消費量に比べて、実際の価格や消費量が少なかったわけです。つまり原価を低くできたので、有利差異と呼びます。一方、マイナスであれば原価が高くなってしまったので、不利差異と呼びます。

　では、次の事例で直接材料費の原価差異を確認してみましょう。

【事例】

A製品を製造するにあたって、直接材料費の標準価格は100円/kg、標準消費量は1,000kgとしています。実際価格が95円/kg、実際消費量が1,100kgであったとすると、直接材料費の原価差異はいくらになるでしょうか？

原価差異は、価格と数量の2つの要素に分けて分析するのがポイントでした。

価格差異5,500円（有利差異）
＝（標準価格100円/kg－実際価格95円/kg）×実際消費量1,100kg

数量差異-10,000円（不利差異）
＝（標準消費量1,000kg－実際消費量1,100kg）×標準価格100円/kg

直接材料費の原価差異－4,500円（不利差異）
＝価格差異5,500円（有利差異）＋数量差異－10,000円（不利差異）

　価格に関しては、実際価格（AP;actual price）が標準価格（SP;standard price）を下回っていますので、5,500円の有利差異となります。一方、数量に関しては、実際消費量（AQ;actual quantity）が標準消費量（SQ;stadard quantity）を上回ってしまっていますので、-10,000円の不利差異となります。よって、直接材料費の原価差異は、価格差異と数量差異を合計して、-4,500円（不利差異）となります。
　この不利差異の意味するところは、結果として、目標としていた標準原価100,000円（＝標準価格100円/kg×標準消費量1,000kg）を、実際原価104,500円（＝実際価格95円/kg×実際消費量1,100g）が上回ってしまったということです。

　原価差異は、標準原価と実際発生した実際原価の差額で、標準から実際を差し引くことによって求められました。ただ、価格差異や数量差異の算式を覚えるのは意外と大変です。そこで、図5-2-2のように考えると簡単に計算することができます。

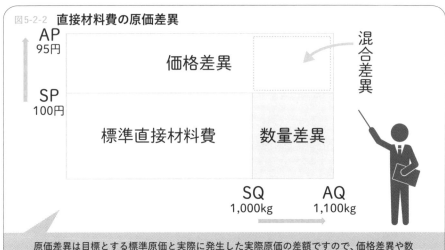

図5-2-2　直接材料費の原価差異

AP 95円
SP 100円

価格差異

混合差異

標準直接材料費

数量差異

SQ 1,000kg　AQ 1,100kg

原価差異は目標とする標準原価と実際に発生した実際原価の差額ですので、価格差異や数量差異は、中心の四角の標準（SPやSQ）から外側の実際（APやAQ）を差し引くと求められます。

原価差異は、価格差異と数量差異の2つに分けて分析するのがポイントでした。しかし、よく考えてみると、図5-2-2の点線の四角部分は価格差異と数量差異のどちらにも影響しています。この点線の四角部分を、価格と数量の両方の要素が混じった混合差異（joint variance）として区分することがあります。このように、原価差異は価格差異（混合差異分を抜いた差異）、混合差異、数量差異の3つに区分することが、理論的ではあります。

ただ実務的には、本編の説明にあったように、通常は価格差異に混合差異を含めて、数量差異と2つに分けて分析します。その理由は、数量差異は管理可能な工場内部の部門の要因によって発生することが多いですが、価格差異は管理不能な外部要因によって左右されることが多いため、原価を管理するという観点から、管理可能な数量差異を厳密に分析することが妥当と考えられるからです。

直接労務費の差異分析

直接労務費の差異は、直接労務費の標準原価と実際発生額の差額を部門別または作業別に、賃率差異（labor-rate variance）と作業時間差異（labor-hour variance）の2つに分けて分析します。

賃率差異＝（標準賃率－実際賃率）×実際作業時間
作業時間差異＝（標準作業時間－実際作業時間）×標準賃率

この算式で計算された金額がプラスであれば、標準の賃率や作業時間に比べて、実際の賃率や作業時間が少なかったわけです。つまり、原価を低くできたので、有利差異となります。一方、マイナスであれば原価が高くなってしまったので、不利差異となります。

　次の事例で直接労務費の原価差異を確認してみましょう。

【事例】
　A製品を製造するにあたって、直接労務費の標準賃率は1,500円／時間、標準作業時間は100時間としています。実際賃率が1,600円／時間、実際作業時間が80時間であったとすると、直接労務費の原価差異はいくらになるでしょうか？

　原価差異は、価格（賃率）と数量（作業時間）の2つの要素に分けて分析するのがポイントでした。

賃率差異 -8,000円（不利差異）
＝（標準賃率1,500円／時間－実際賃率1,600円／時間）×実際作業時間80時間

作業時間差異 30,000円（有利差異）
＝（標準作業時間100時間－実際作業時間80時間）×標準賃率1,500円／時間

直接労務費の原価差異 22,000円（有利差異）
＝賃率差異 -8,000円（不利差異）＋作業時間差異 30,000円（有利差異）

　賃率に関しては、実際賃率（ALR;actual labor rates）が標準賃率（SLR;standard labor rates）を上回ってしまっていますので、－8,000円の不利差異となります。一方、作業時間に関しては、実際作業時間（ALH;actual labor hours）が標準作業時間（SLH;standard labor hours）を下回っていますので、30,000円の有利差異となります。よって、直接労務費の原価差異は、賃率差異と作業時間差

異を合計して、22,000円（有利差異）となります。

　この有利差異の意味するところは、結果として、目標としていた標準原価150,000円（＝標準賃率1,500円／時間×標準作業時間100時間）を、実際原価128,000円（＝実際賃率1,600円／時間×実際作業時間80時間）が下回って、原価がコントロールされたということです。

　直接労務費の賃率差異や作業時間差異も直接材料費の原価差異と同様に、図5-2-3のように考えると簡単に計算することができます。

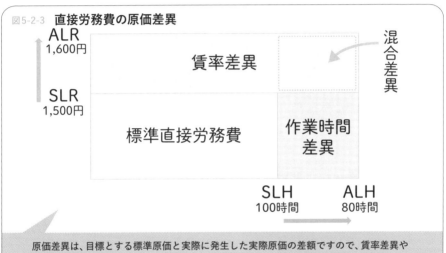

図5-2-3　**直接労務費の原価差異**

ALR 1,600円
SLR 1,500円
賃率差異
混合差異
標準直接労務費
作業時間差異
SLH 100時間
ALH 80時間

原価差異は、目標とする標準原価と実際に発生した実際原価の差額ですので、賃率差異や作業時間差異は、中心の四角の標準（SLRやSLH）から外側の実際（ALRやALH）を差し引くと求められます。

実務に役立つ知恵

　直接労務費の原価差異も、直接材料費の原価差異と同様に、賃率差異と作業時間差異のどちらにも影響する混合差異があります（図5-2-3の点線の四角部分）。そこで理論的には、原価差異は賃率差異（混合差異分を抜いた差異）、混合差異、作業時間差異と3つに区分するのが妥当です。

　しかし実務的には、通常、賃率差異に混合差異を含めて、作業時間差異と2つに分けて分析します。なぜなら、作業時間差異は工場内部の部門の要因によって発生することが多いため管理可能ですが、賃率差異は人事部などの工場外部の要因によって左右されることが多いからです。

- ・標準原価計算とは、標準原価をベースに製品原価を計算する方法のこと。
- ・原価差異分析とは、目標とする標準原価と実際に発生した実際原価の差異を分析すること。
- ・直接材料費の原価差異は、価格差異と数量差異に分けて分析する。
- ・直接労務費の原価差異は、賃率差異と作業時間差異に分けて分析する。

演習問題

次の資料を参考にして、B製品の直接材料費と直接労務費の原価差異を分析してください。

・B製品1個あたりの原価標準
直接材料費　1,000円/kg　5kg
直接労務費　1,500円/時間　4時間

・B製品の完成品数量
500個（月初、月末とも仕掛品はないとします）

・当月に発生した実際原価のデータ
直接材料費　1,020円/kg　2,450kg
直接労務費　1,480円/時間　2,050時間

解答

直接材料費の原価差異1,000円（有利差異）

内訳：価格差異－49,000円（不利差異）、数量差異50,000円（有利差異）

直接労務費の原価差異－34,000円（不利差異）

内訳：賃率差異41,000円（有利差異）、作業時間差異－75,000円（不利差異）

解説

原価標準を参考に、標準消費量と標準作業時間を考えてみてください。

月初と月末に仕掛品がないとすると、当月の製造費用と完成原価はイコールということです。そうすると、当月の直接材料費の標準消費量2,500kg（＝5kg/個×500個）、また直接労務費の標準作業時間2,000時間（＝4時間/個×500個）となります。

・直接材料費の原価差異

価格差異 − 49,000円（不利差異）
＝（標準価格1,000円/kg − 実際価格1,020円/kg）× 実際消費量
2,450kg

数量差異50,000円（有利差異）
＝（標準消費量2,500kg − 実際消費量2,450kg）× 標準価格1,000
円/kg

直接材料費の原価差異1,000円（有利差異）
＝価格差異 − 49,000円（不利差異）＋数量差異50,000円（有利差異）

・直接労務費の原価差異

賃率差異41,000円（有利差異）
＝（標準賃率1,500円/時間 − 実際賃率1,480円/時間）× 実際作業
時間2,050時間

作業時間差異 − 75,000円（不利差異）
＝（標準作業時間2,000時間 − 実際作業時間2,050時間）× 標準賃
率1,500円/時間

直接労務費の原価差異 − 34,000円（不利差異）
＝賃率差異41,000円（有利差異）＋作業時間差異 − 75,000円（不
利差異）

標準原価計算②

−標準原価と実際原価の差（2）

標準原価と実際原価の差を分析して、原価管理に役立てるというのは面白いですね。

実際に発生した原価の計算だけでは、結果管理になってしまうからね。目標として設定するのが重要なんだよ。

原価差異分析と聞いて少し戸惑いましたが、材料費も労務費も結局、単価と数量に分けて分析すればいいとわかりました。

そうだね。ただ、製造間接費はちょっと難しいかもしれないよ。

製造間接費の原価標準（振り返り）

　製造間接費の差異は、製造間接費の標準製造間接費配賦額と実際製造発生額の差額を、部門別または作業工程別に把握します。

　通常、製造間接費の原価標準は部門の予算として設定され、その算式は次のとおりでした。

製造間接費の原価標準＝製品単位あたりの標準配賦基準数値×標準配賦率

標準配賦率＝製造間接費予算額÷予定配賦基準数値

　一見すると、直接材料費や直接労務費の原価標準より難しそうに見えますが、結局は数量（製品単位あたりの標準配賦基準数値）と単価（標準配賦率）の関係であることに変わりはありません。

　ただ、予算の設定の仕方には固定予算と変動予算という2つの方法があるので、予算の設定方法によって差異分析の手法も異なる点には注意が必要です。

固定予算による差異分析

固定予算では基準操業度（normal activity）を1つに固定して、その操業度における予算を設定します。固定予算による差異分析では通常、基準操業度、実際操業度（actual activity）、標準操業度（standard activity）の3つの異なる操業度における製造間接費を、実際発生額と比較して、予算差異（budget variance）、操業度差異（volume variance）、能率差異（efficiency variance）の3つに分けて分析します。この方法は、3分法と呼ばれています。

予算差異は、設定した予算と実際に発生した金額の差額で、予算と実際の額との乖離を表し、次の算式で求められます。

予算差異＝製造間接費予算額－製造間接費実際発生額

操業度差異は、実際の操業度の標準となる製造間接費と設定した予算との差額で、生産能力の遊休度合いを表し、次の算式で求められます。

操業度差異＝（実際操業度－基準操業度）×標準配賦率

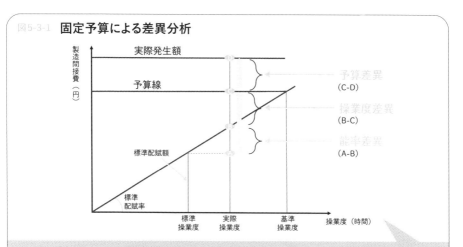

図5-3-1 **固定予算による差異分析**

固定予算では、予算は基準操業度で設定されるため、予算線はX軸（操業度）に平行に示されます。実際操業度をベースにして、下から上の金額を控除していくと覚えておくと、差異の計算方法を忘れません。

能率差異は、標準となる操業度と実際の操業度での標準製造間接費の差額で、標準と比べての能率を表し、次の算式で求められます。

能率差異＝（標準操業度－実際操業度）×標準配賦率

3つも差異が発生する上に算式が複雑なため、図5-3-1のような図解によって分析した方が理解が容易です。

では、数値例で製造間接費の原価差異を確認してみましょう。

【事例】
C製品を製造するにあたって、基準操業度100時間（生産量100個）として、固定予算額を100万円と設定しました。実際に生産してみると、生産量は80個で、その時の実際操業度は90時間、製造間接費の実際発生額は110万円あったとすると、製造間接費の原価差異はいくらになるでしょうか？

原価差異は、価格（配賦率）と数量（操業度）の2つの要素に分けて分析するのがポイントでした。
まずは、次のように計算できます。

標準配賦率1万円/時間（＝予算額100万円÷基準操業度100時間）
標準操業度80時間 ｛＝（基準操業度100時間÷生産量100個）×実際
生産量80個｝

さらに、各操業度での標準配賦額を計算してみると、次のようになります。

標準操業度80時間×標準配賦率1万円/時間＝80万円　　　・・・Ⓐ
実際操業度90時間×標準配賦率1万円/時間＝90万円　　　・・・Ⓑ
基準操業度100時間×標準配賦率1万円/時間＝100万円（予算額）・・・Ⓒ

以上を図に落とし込んでみると、図5-3-2のようになります。

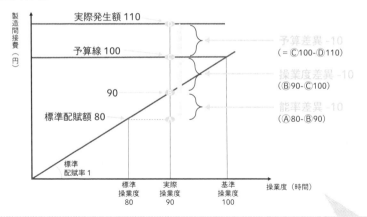

図5-3-2 **差異分析**

実際発生額 110		予算差異 -10 (=ⓒ100-ⓓ110)
予算線 100		操業度差異 -10 (ⓑ90-ⓒ100)
90		能率差異 -10 (ⓐ80-ⓑ90)
標準配賦額 80		

製造間接費（円）

標準配賦率 1

標準操業度 80　実際操業度 90　基準操業度 100　操業度（時間）

能率差異－10万円（不利差異）＝ⓐ80万円-ⓑ90万円
操業度差異－10万円（不利差異）＝ⓑ90万円-ⓒ100万円
予算差異－10万円（不利差異）＝ⓒ100万円-ⓓ110万円
製造間接費の原価差異－30万円（不利差異）＝能率差異－10万円（不利差異）＋操業度差異－10万円（不利差異）＋予算差異－10万円（不利差異）

　図を活用した方が理解しやすいですが、念のため3分法の計算式でも確認してみると、次のようになります。

　予算差異－10万円（不利差異）
　＝製造間接費予算額100万円－製造間接費実際発生額110万円
　操業度差異－10万円（不利差異）
　＝（実際操業度90時間－基準操業度100時間）×標準配賦率1万円/時間
　能率差異－10万円（不利差異）
　＝（標準操業度80時間－実際操業度90時間）×標準配賦率1万円/時間

変動予算による差異分析

　変動予算では正常な操業度の範囲内で、操業水準の変化に応じて予算が設定されます。変動予算の設定方法には、予算を固定費と変動費に分類して設定する公式法（formula method）と、一定の操業度を中心に予想される範囲内の各操業度で費目ごとに予算を設定する実査法（table method）があります。実査法は煩雑な側面があるため、公式法による差異分析が実務では使われています。

さらに、公式法による差異分析の方法には、差異をいくつに分類するかによって2分法、3分法、4分法がありますが、一般的に広く使われている3分法をここでは取り上げます。

　3分法では、差異を予算差異、能率差異、操業度差異の3つに分けて分析をします。

　それぞれ、次の算式で求められます。

予算差異＝｛（標準変動費率×実際操業度）＋固定費予算額｝‐製造間接
　　　　　費実際発生額
能率差異＝（標準操業度‐実際操業度）×標準変動費率
操業度差異＝（標準操業度‐基準操業度）×標準固定費率

　固定予算の差異分析と同様、3つも差異が発生しますし、算式が複雑なため、図5-3-3のような図解によって分析した方が理解が容易です。

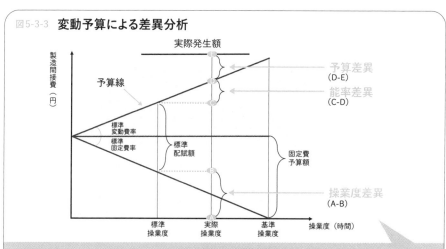

図5-3-3　**変動予算による差異分析**

変動予算では、予算は固定費予算額に変動費を加算した額として設定されます。実際操業度をベースにして、予算差異は予算と実際発生額との差（乖離）、能率差異は標準操業度と実際操業度の差異による変動費の追加分（能率の良否）、操業度差異は標準操業度が基準操業度に満たなかった固定費の未配賦分を表しています。

　では、固定予算の差異分析の数値例（P184参照）に次の条件を追加して、変動予算による差異分析を確認してみましょう。

【追加条件】

予算額100万のうち、変動費が40万円、固定費が60万円であったとすると、製造間接費の原価差異はいくらになるでしょうか？

まず、予算を変動費と固定費に分けて設定していますので、標準変動費率と標準固定費率を求めてみましょう。

標準変動費率4千円/時間（＝変動費予算額40万円÷基準操業度100時間）
標準固定費率6千円/時間（固定費予算額60万円÷基準操業度100時間）

次に、実際操業度と標準操業度での予算額を計算してみると、次のようになります。

実際操業度90時間×標準変動費率4千円/時間＋固定予算額60万円
＝96万円　　　　　　　　　　　　　　　　　　　・・・Ⓓ
標準操業度80時間××標準変動費率4千円/時間＋固定予算額60万円
＝92万円　　　　　　　　　　　　　　　　　　　・・・Ⓒ

さらに、標準操業度の時の固定費の未配賦分を求めると、次のようになります。

固定予算額60万円-標準固定費率6千円/時間×標準操業度80時間
＝12万円　　　　　　　　　　　　　　　　　　　・・・Ⓑ

以上を図に落とし込んでみると、図5-3-4のようになります。

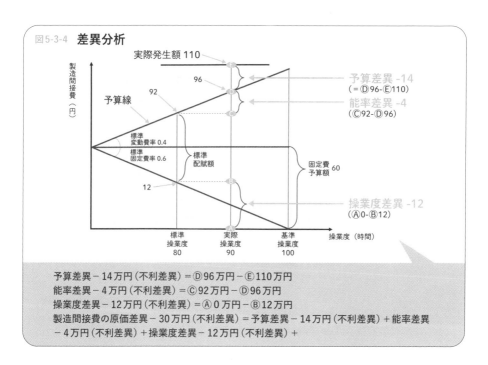

図5-3-4 差異分析

予算差異−14万円（不利差異）＝Ⓓ96万円−Ⓔ110万円
能率差異−4万円（不利差異）＝Ⓒ92万円−Ⓓ96万円
操業度差異−12万円（不利差異）＝Ⓐ0万円−Ⓑ12万円
製造間接費の原価差異−30万円（不利差異）＝予算差異−14万円（不利差異）＋能率差異
−4万円（不利差異）＋操業度差異−12万円（不利差異）＋

　図5-3-4のような図を活用した方が理解しやすいですが、念のため3分法の
計算式でも確認してみると次のようになります。

予算差異−14万円（不利差異）
＝｛（標準変動費率4千円/時間×実際操業度90時間）＋固定費予算額
　60万円｝−製造間接費実際発生額110万円

能率差異−4万円（不利差異）
＝（標準操業度80時間−実際操業度90時間）×標準変動費率4千円/時間

操業度差異−12万円（不利差異）
＝（標準操業度80時間−基準操業度100時間）×標準固定費率6千円/時間

固定予算は簡易なため、多くの企業で採用されています。しかし、原価管理を目的とする差異分析においては、製造間接費の一部は変動費であり、固定予算では変動費が操業度の変化に応じることを考慮していないため、合理的な方法とは言えません。すなわち、製造間接費のうち変動費の割合が少ない場合や、操業度の変化がわずかな場合などを除き、様々な操業度に応じて予算額を設定する変動予算の方が、原価管理目的には好ましいのです。

5-3 のまとめ

・固定予算による差異分析は、予算差異、操業度差異、能率差異の３つに分けて分析する。
・変動予算による差異分析は、予算差異、能率差異、操業度差異の３つに分けて分析する。

演習問題

　D製品を製造するにあたって、基準操業度1,000時間（生産量500個）として、予算額を200万円（変動費120万円、固定費80万円）と設定しました。
　実際生産量は490個で、その時の操業度は950時間、製造間接費の実際発生額は190万円あったとすると、製造間接費の原価差異はいくらになるでしょうか？

解答

製造間接費の原価差異6万円（有利差異）
内訳：予算差異4万円（有利差異）、能率差異3.6万円（有利差異）、操業度差異−1.6万円（不利差異）

解説

まずは標準となる操業度、変動費率と固定費率を求めてみましょう。

標準操業度980時間 {＝（基準操業度1,000時間÷生産量500個）×実際生産量490個}
標準変動費率1,200円/時間（＝変動費予算額120万円÷基準操業度1,000時間）
標準固定費率800円/時間（固定費予算額80万円÷基準操業度1,000時間）

予算差異4万円（有利差異）＝ {（標準変動費率1,200円/時間×実際操業度950時間）＋固定費予算額80万円}−製造間接費実際発生額190万円

能率差異3.6万円（有利差異）＝（標準操業度980時間−実際操業度950時間）×標準変動費率1,200円/時間

操業度差異−1.6万円（不利差異）＝（標準操業度980時間−基準操業度1,000時間）×標準固定費率800円/時間

製造間接費の原価差異6万円（有利差異）＝予算差異4万円（有利差異）＋能率差異3.6万円（有利差異）＋操業度差異−1.6万円（不利差異）

直接原価計算

– 製品原価と期間原価の考え方

製品の原価を構成するコストは何だったか、覚えているかい?

はい。費目別なら材料費、労務費、経費です。

財務会計的にはいいね。でも、管理会計的に考えるとどうだろうか?

直接材料費、直接労務費、製造間接費でしょうか?

そうなんだけど、利益計画など経営の意思決定に役立てようとすると、もう少し突っ込んだ考え方があるんだよ。

直接原価計算

これまで見てきた製品原価の計算の方法は、製品を製造するためにかかったコストを全て製品原価としてきました。この原価計算の方法を、全部原価計算（full costing）といいます。製造に必要なコストを全て製造原価にするのは、ある意味当たり前のような気がしますし、伝統的にもそのように製品原価を計算してきました。しかし、全部原価計算には欠点があるのです。

製造にかかったコストを全て製品原価として計算すると、生産量が増加して在庫が増加した場合、損益計算書上では原価が減少し、貸借対照表上では棚卸資産が増加して、計算上は利益が増加することになります。在庫が増えると利益が増加するというロジックは、ビジネスパーソンの感覚とは一致しません。

そこで出てきたのが、直接原価計算（direct costing）です。直接原価計算とは、費用を変動費と固定費に分解して、変動製造原価だけを製造原価とし、固定製造原価は期間原価として計算する方法です。この方法だと、売上高と製造原価との関係が明らかになるので一般のビジネス感覚と一致するだけでなく、損益分岐点分析などの経営的な意思決定にも応用がしやすくなります。

用語解説	直接原価計算とは、変動製造原価だけを製造原価として、固定製造原価等は期間原価として営業利益を計算する方法のこと。

　では、全部原価計算と直接原価計算の違いを見るために、図5-4-1で両者の損益計算書を比較してみましょう。

図5-4-1

損益計算書（全部原価計算）　　**損益計算書（直接原価計算）**

（単位：千円）

損益計算書（全部原価計算）		損益計算書（直接原価計算）	
売上高	10,000	売上高	10,000
売上原価	7,500	変動売上原価	6,000
売上総利益	2,500	変動マージン	4,000
販売費及び一般管理費	1,000	変動販・管費	500
		限界利益	3,500
		固定費	2,000
営業利益	1,500	営業利益	1,500

全部原価計算と直接原価計算の違いは、発生したコストを期間原価とするか製造原価とするかの違いなので、期首と期末に棚卸資産がないとすると、両者の営業利益は一緒になります。

　全部原価計算の損益計算書は財務会計で見慣れたフォーマットで、変動費と固定費の区分はなく、売上高から売上原価を控除して売上総利益を計算し、そこから販売費及び一般管理費を控除して営業利益を算出します。

　一方、直接原価計算の損益計算書は、変動製造原価のみを製造原価として売上高から差し引いて変動マージンを計算し、そこから変動販売費及び一般管理費を差し引いて限界利益を計算します。その後、固定費（製造原価・販売費及び一般管理費のうち固定的なコスト）を差し引いて営業利益を求めます。

全部原価計算と直接原価計算の利益の違い

　全部原価計算では、変動製造原価と固定製造原価のどちらもが製造原価として処理され、販売費及び一般管理費は変動費であっても固定費であっても、期間原価として全て費用処理されます。つまり全部原価計算では、変動製造原価と固定製造原価の一部が棚卸資産の原価となり、資産計上されます。

　一方、直接原価計算の場合、変動製造原価のみが製造原価として処理され、固定製造原価と販売費および一般管理費は期間原価として、費用処理されます。つまり、直接原価計算では、変動製造原価の一部のみが棚卸資産の原価となり、資産計上されます。

　この結果、生産量と販売量が異なる場合（期首棚卸資産と期末棚卸資産が異なる場合）、全部原価計算と直接原価計算は、棚卸資産に配賦された固定製造原価の分だけ利益が異なることになります。

　全部原価計算と直接原価計算の利益の違いを、数値例で確認してみましょう。

▼製品Eの製造・販売の資料

> ・売上：販売量1,000個　販売単価250千円
> ・生産：生産量1,200個
> 　　変動製造原価80千円/個　変動販売費24千円/個
> 　　固定製造原価48,000千円（＝40千円/個×1,200個）
> 　　固定販売費・管理費45,000千円
> ・在庫：期首0個　期末200個

　まずは全部原価計算の場合の損益計算書ですが、次のようになります。

全部原価計算の損益計算書		（単位：千円）
売上高　@250×1,000個		250,000
売上原価		
期首製品棚卸高	0	
変動・固定製造原価　（@80＋@40）×1,200個	144,000	
期末製品棚卸高　（@80＋@40）×200個	24,000	120,000
売上総利益		130,000
販売費及び一般管理費		
変動販売費　（@24×1,000個）		24,000
固定販売費・管理費		45,000
営業利益		61,000

全部原価計算では、変動製造原価と固定製造原価の両方が製品原価を構成しますので、次のようになります。

> 売上原価120,000千円
> ＝期首製品棚卸高０千円＋変動・固定製造原価（＠80＋＠40）×1,200個－期末製品棚卸高（＠80＋＠40）×200個

　次に、直接原価計算の場合の損益計算書は以下のようになります。

直接原価計算の損益計算書		（単位：千円）
売上高　＠250×1,000個		250,000
売上原価		
期首製品棚卸高	0	
変動製造原価　＠80×1,200個	96,000	
期末製品棚卸高　＠80×200個	16,000	80,000
変動マージン		170,000
変動販売費		24,000
限界利益		146,000
固定費		
固定製造原価		48,000
固定販売費・管理費		45,000
営業利益		53,000

　直接原価計算では、変動製造原価のみが製品原価を構成するので、次のようになります。

> 売上原価80,000千円
> ＝期首製品棚卸高０千円＋変動製造原価＠80×1,200個－期末製品棚卸高＠80）×200個

　よって、固定製造原価が期末製品棚卸高（8,000千円＝＠40千円×200個）には配賦されず、全額の48,000千円（＝＠40千円×1,200個）が期間原価として費用処理されます。
　また、全部原価計算の営業利益61,000千円と、直接原価計算の営業利益

53,000千円の差8,000千円は、直接原価計算で期末棚卸資産に配賦されなかった固定製造原価8,000千円分（＝＠40千円×200個）です。

　この設例では、利益の差をわかりやすく示すために、期首棚卸資産がない仮定で説明をしました。しかし実際には、期首に棚卸資産があるケースが多くあります。期首の棚卸資産まで加味すると、全部原価計算と直接原価計算の営業利益の差は次の算式で表すことができます。

全部原価計算の営業利益 - 直接原価計算の営業利益

＝期末棚卸資産に含まれる固定製造原価 - 期首棚卸資産に含まれる固定製造原価

＝製品単位あたりの固定製造原価×（期末棚卸資産の数量 - 期首棚卸資産の数量）

　では、本設例の数値を当てはめてみます。

全部原価計算の営業利益61,000千円 - 直接原価計算の営業利益53,000千円

＝期末棚卸資産に含まれる固定製造原価8,000千円 - 期首棚卸資産に含まれる固定製造原価0円

＝製品単位あたりの固定製造原価40千円/個×（期末棚卸資産の数量200個 - 期首棚卸資産の数量0個）

固定費の調整

　固定製造原価を製品原価に含めない直接原価計算の損益計算書の方が、売上高と製品原価の関係が明確に示されるので、財務会計で見る全部原価計算の損益計算書よりも、内部の意思決定資料としては好ましいと言えます。しかし、外部報告用として損益計算書を作成する上では、固定製造原価も製品原価に含める必要があります。

　そこで、直接原価計算による営業利益を、全部原価計算による営業利益に調整する固定費調整の手続きが必要になります。

　具体的には、期首棚卸資産と期末棚卸資産に含まれている固定製造原価の調整です。前述の直接原価計算の損益計算書を使うと、次のように表示されます。

直接原価計算の損益計算書		（単位：千円）
売上高　＠250 × 1,000個		250,000
売上原価		
期首製品棚卸高	0	
変動製造原価　＠80 × 1,200個	96,000	
期末製品棚卸高　＠80 × 200個	16,000	80,000
変動マージン		170,000
変動販売費		24,000
限界利益		146,000
固定費		
固定製造原価		48,000
固定販売費・管理費		45,000
直接原価計算による営業利益		53,000
固定費調整		
**　期首棚卸資産に含まれている固定製造原価**	（−）	**0**
**　期末棚卸資産に含まれている固定製造原価**	（＋）	**8,000**
全部原価計算による営業利益		61,000

　直接原価計算で算出された営業利益の末尾で、期首棚卸資産の固定製造原価分を控除し、期末棚卸資産の固定製造原価分を加算して、全部原価計算の営業利益を表示します。

5-4 のまとめ

- ・直接原価計算とは、変動製造原価だけを製造原価として、固定製造原価等は期間原価として営業利益を計算する方法である。
- ・全部原価計算と直接原価計算では、期首棚卸資産の固定製造原価と期末棚卸資産の固定製造原価の処理が違う分だけ営業利益が異なる。

演習問題

　製品Ｆの資料を読んで、全部原価計算による営業利益を計算し、直接原価計算による営業利益以下の損益計算書を表示してください。

▼製品Ｆの資料

- 期首棚卸資産100個、生産量1,200個、販売量1,100個、期末棚卸資産200個
- 固定製造原価　48,000千円
- 直接原価計算による営業利益45,000千円

解答

（単位：千円）

直接原価計算による営業利益	45,000
固定費調整	
期首棚卸資産に含まれている固定製造原価	（－）**4,000**
期末棚卸資産に含まれている固定製造原価	（＋）**8,000**
全部原価計算による営業利益	**49,000**

解説

固定製造原価の扱いの違いに注意してください。

　全部原価計算では、固定製造原価が製品原価として処理されますので、期首と期末の棚卸資産に含まれる固定製造原価分が営業利益の違いを生み、算式では次のように表されます。

全部原価計算の営業利益－直接原価計算の営業利益
＝期末棚卸資産に含まれる固定製造原価－期首棚卸資産に含まれる固定製造原価
＝製品単位あたりの固定製造原価×（期末棚卸資産の数量－期首棚卸資産の数量）

　また本演習の数値を当てはめてみると、次のようになります。

製品単位あたりの固定製造原価40千円/個＝48,000千円÷1,200個

全部原価計算の営業利益X千円－直接原価計算の営業利益45,000千円

＝期末棚卸資産に含まれる固定製造原価8,000千円（＝40千円/個
　×200個）－期首棚卸資産に含まれる固定製造原価4,000千円
　（＝40千円/個×100個）

＝製品単位あたりの固定製造原価40千円/個×（期末棚卸資産の
　数量200個－期首棚卸資産の数量100個）

以上のことから、次のようになります。

全部原価計算の営業利益X千円＝49,000千円

コスト
マネジメント

～製造間接費を配賦する～

　伝統的な原価計算では、操業度関連の配賦基準である直接作業時間や機械稼働時間で、製造間接費を製品原価に配賦していました。しかし今日では、様々な理由から操業度関連の配賦基準による製造間接費の配賦に合理性がなくなり、その対抗策として、新たなコストマネジメントの手法が誕生しています。

　第6章では、まず、生産の上流工程でコストマネジメントを実現しようとする原価企画、次に、活動に焦点をあてて製造間接費を配賦して、製造原価を算出するABC、さらにABCを原価低減や予算管理に適用しようとするABMやABBという新しい原価計算の世界を見ていきます。

原価企画

－生産の上流を管理する

差異分析を通して、無駄な材料消費量を減らしたり、作業時間を短縮したりできるのですから、標準原価計算の考え方は大切ですね。

 うん、製造現場でのコストをマネジメントするには貴重なツールの1つだね。ただ、工場の自動化が進んだ今日では、原価管理のツールとしての限界も見えてきたと言われているんだよ。

原価企画

　標準原価計算は、製造現場での材料の数量差異、作業時間差異を把握することで、現場の能率をマネジメントするには有効な手法でした。しかし今日では、ロボットの活用など工場の自動化が進み、現場で働く作業員が大幅に削減されたため、製造現場段階での標準原価計算による原価管理の役割は相対的に小さくなっています。なぜなら、産業用ロボットであれば計画通りに一定の成果を常に上げてくれるため、標準と実際の差異自体がそれほど生じないからです。

　そのような背景から、製造現場でのコスト低減よりも、製品の企画や設計段階でのコスト低減に原価管理の重点が移ってきています。

　標準原価計算では、原価標準を設定し、生産段階で原価管理がスタートしますが、生産より前の段階、いわゆる上流工程で原価管理を実施することができれば、より大きなコスト低減が期待できます。

　製品の企画・設計段階で技術、購買、生産、販売、経理などの関係部門が協力して、コスト低減と利益管理を実現する手法を、<u>原価企画</u>（target costing）といいます。

　もともと原価企画は、トヨタ自動車が考え出したコスト・マネジメントの手法で、その後、日本の製造業に広がっていきました。現在では、製造業だけでなくサービス業でも適用され、世界的にも活用されています。

図6-1-1 業務プロセスと管理ツール

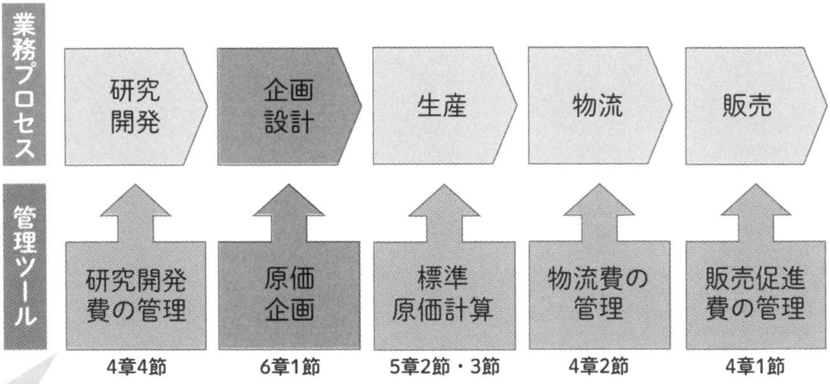

実際、自動化が進んでいる加工組立産業などでは、生産段階より企画・設計段階の上流で、80％程度の原価が決まってしまうとも言われています。

用語解説 原価企画とは、企画・設計段階で関係部門が協力して、コスト低減と利益管理を実現するための手法のこと。

原価企画の主たる目的は、標準原価計算で計算した標準原価から大きく乖離しないような原価維持ではなく、原価低減にあります。原価低減とは、製品の企画・設計段階からVE（value engineering）などを活用して、製品の機能自体を見直して戦略的に原価を引き下げることをいいます。

実務に役立つ知恵

VEとは、製品やサービスの機能とそれにかかるコストの関係を通して、製品やサービスの価値を向上させようとする活動です。現在では、製造業だけでなく、建設業、物流業など、様々な業界で適用されています。

VEは、次のように定義されます。

V（価値）＝U（機能から得られる効用）÷C（機能を実現するためのコスト）

VEの活動をどの段階で適用するかによって、一般には3つのステージに分けられます。

①商品企画の段階（0 Look VE）

何を作るかの構想を設計する段階で、製品コンセプトに対してVE活動が展開されます。

②商品化の段階（1st Look VE）

製品を開発・設計する段階で、製品の機能を満たすと同時に、生産効率を意識した活動が行われます。

③製造の段階（2nd Look VE）

量産後のVE活動で作業手順や方法を改善することで、原価低減を図ります。

以上、できるだけ早い段階でVEを適用することで、機能の向上や大幅な原価低減が図れます。

利益管理のツール

　原価企画は、原価低減だけではなく、利益管理のツールとしても有効であると言われています。販売価格の決め方で考えてみましょう。

　伝統的な販売価格の決定方法は、実際に発生した製造原価に利益を加算して計算されます。この方法は原価の低減を図るものの、あくまでも生産がベースとなって販売価格が決定されます。言い換えると、販売価格は作り手の論理（プロダクトアウト）で決まります。

　一方、原価企画の販売価格の決定方法は、まず市場のニーズや競争環境から妥当な販売価格を予測し、次に中長期の経営計画や利益計画から目標利益を算出し、目標とする原価を導き出します。考え方のスタートが市場であり、マーケットインのアプローチです。

原価の設定

　原価企画では、一口に製品の原価といっても、許容原価、成行原価、目標原価の3つの考え方があります。

①許容原価
　市場環境などより想定された予定販売価格から、利益計画などより算出された目標利益を控除した原価です。

> 予定販売価格 − 目標利益 ＝ 許容原価

　許容原価は、一般に経営トップの理想とする原価だとも言えます。

②成行原価
　成行原価とは、現状の生産をベースにして製造した場合の基準の原価であり、技術者や生産者が積み上げ方式で計算した見積もりの製造原価です。

③目標原価
　目標原価は、原価低減などによって成行原価に改善を加え、許容原価に近づくことを目標とする原価です。

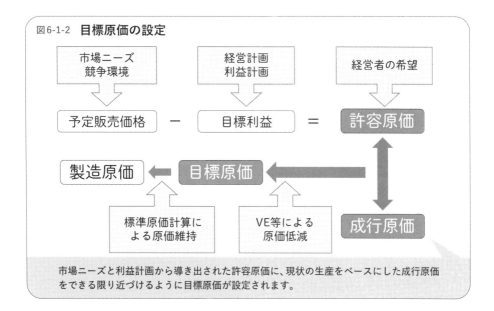

図6-1-2 **目標原価の設定**

市場ニーズ
競争環境 → 予定販売価格

経営計画
利益計画 → 目標利益

経営者の希望 → 許容原価

予定販売価格 － 目標利益 ＝ 許容原価

製造原価 ← 目標原価 ← 許容原価 ⇕ 成行原価

標準原価計算に
よる原価維持 → 目標原価

VE等による
原価低減 → 目標原価

市場ニーズと利益計画から導き出された許容原価に、現状の生産をベースにした成行原価をできる限り近づけるように目標原価が設定されます。

では、原価の関係を次の数値例で確認してみましょう。

製品Xの予定販売価格は、市場動向から勘案して100万円と設定しています。また、利益計画から売上総利益30％を目標としています。一方、現場からは現在の生産体制から、原価は90万円と見積もられています。そこで、VE等を活用した場合、15万円の原価低減を図ることができそうです。

許容原価70万円＝予定販売価格100万円－予定販売価格100万円×売
　　　　　　　　上総利益率30％
成行原価90万円
目標原価75万円＝成行原価90万円－原価低減15万円

生産現場が見積もった成行原価90万円を、経営者の目指す許容原価70万円に近づけるためにVE等の活動を実施し、15万円の原価低減を図り、目標原価を75万円と設定することになります。

その後、実際に生産が始まり、直接材料費、直接労務費、製造間接費の削減をしていくことになります。

6-1 のまとめ

- 原価企画とは、企画・設計段階で関係部門が協力して、コスト低減と利益
  管理を実現するための手法である。
- 原価企画の目的は、VE等を活用した原価低減と利益管理である。

演習問題

本文の製品Xの数値例（P203参照）で、20万円の原価低減が図れた場合、許容原価、成行原価、目標原価はいくらになるでしょうか？

解答

許容原価70万円＝予定販売価格100万円－予定販売価格100万円×売上総利益率30％

成行原価90万円

目標原価70万円＝成行原価90万円－原価低減20万円

解説

原価低減はどの原価に対して、原価低減の活動が行われるかを考えてみましょう。

外部環境である市場動向と利益計画から導き出される許容原価は、経営者が目指す原価であるため、原価低減の影響を受けません。

許容原価70万円
＝予定販売価格100万円－予定販売価格100万円×売上総利益率30％

一方、成行原価も原価低減の目標値を含まない現状ベースの原価ですので、成行原価90万円のままです。

その成行原価に対して、生産スタートの段階まで原価低減を図り、許容原価にすり合わせていったものが目標原価となります。

目標原価70万円＝成行原価90万円－原価低減20万円

このケースでは原価低減が大幅に図られたため、結果的に目標原価と許容原価は等しくなります。

ABC
（Activity-Based Costing）
－活動で間接費を配賦する

製品原価の計算方法を覚えているかい？

はい、直接材料費や直接労務費はその名のとおり、直接的に製品に賦課します。

そうだね。じゃあ、製造間接費は？

賦課はできないので、直接作業時間や機械稼働時間などの配賦基準を使って、製品に配賦します。

うん、伝統的な原価計算ではそうだったね。でも、直接作業時間などの配賦基準で、本当に適正な製品原価を計算できると思う？

伝統的な原価計算

　第5章で見てきた伝統的な原価計算では、直接材料費や直接労務費は製品に直課し、製造間接費は部門ごとに集計され、最終的に直接作業時間や機械稼働時間などの配賦基準に従って各製品に配賦して、製品原価を算定しました。

　この方法は、配賦基準を元に製造間接費を配賦しますので、一見、合理的なような気がします。しかしよく考えてみると、配賦基準と製造間接費の間には、比例的な関係が常に存在するわけではありません。

　例えば、多品種少量生産の製品と大量生産の製品を作っている場合、配賦基準によっては、実際には手間がかかってコストが多く発生する多品種少量生産の製品には、少ない額の製造間接費しか配賦されず、大量生産の製品には余計に製造間接費が配賦されてしまうといったことが起こりえます。

また、機械化・自動化に伴って企画・設計などの生産を支援する作業が中心になってきている今日、直接作業時間や機械稼働時間が必ずしも合理的な配賦基準とは言い切れません。

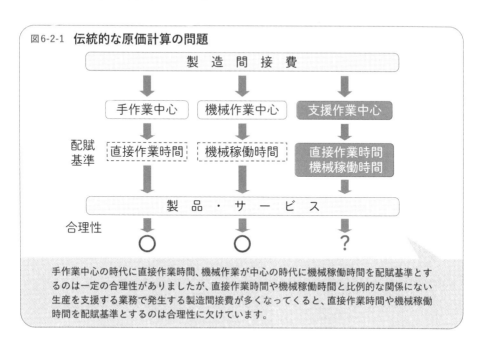

図6-2-1　伝統的な原価計算の問題

製　造　間　接　費

手作業中心　　機械作業中心　　支援作業中心

配賦基準　　直接作業時間　　機械稼働時間　　直接作業時間 機械稼働時間

製　品・サ　ー　ビ　ス

合理性　　○　　○　　?

手作業中心の時代に直接作業時間、機械作業が中心の時代に機械稼働時間を配賦基準とするのは一定の合理性がありましたが、直接作業時間や機械稼働時間と比例的な関係にない生産を支援する業務で発生する製造間接費が多くなってくると、直接作業時間や機械稼働時間を配賦基準とするのは合理性に欠けています。

ABC（Activity-based Costing；活動基準原価計算）

伝統的な原価計算の欠点を克服するために、ABCという間接費の配賦方法が生まれました。ABCでは、間接費を部門別でなく活動と呼ばれる単位に分類し、各活動に集計された原価を活動回数などの配賦基準で製品に配賦をします。ABCは、部門でなく活動に焦点を当てることで間接費の合理的な配賦を行って、原価低減や予算管理に活用することを目的としています。

> **用語解説**　ABCとは、間接費を活動に割り当てて、その活動を基準として製品に原価を割り当て製品原価を算定する手法のこと。

ABCでは、「製品やサービスは個々の活動の結果として生まれ、その個々の活動が資源を使うことで、間接費が発生する」と考えています。ABCの基本的な考え方は、図6-2-2のように表せます。

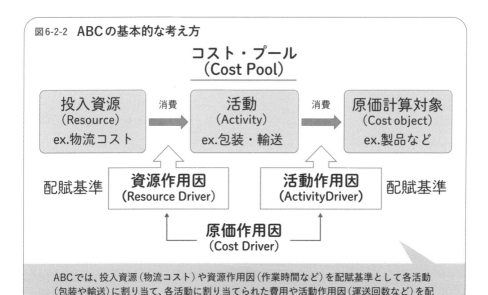

図6-2-2　ABCの基本的な考え方

コスト・プール
(Cost Pool)

投入資源
(Resource)
ex.物流コスト

消費 →

活動
(Activity)
ex.包装・輸送

消費 →

原価計算対象
(Cost object)
ex.製品など

配賦基準

資源作用因
(Resource Driver)

活動作用因
(ActivityDriver)

配賦基準

原価作用因
(Cost Driver)

ABCでは、投入資源（物流コスト）や資源作用因（作業時間など）を配賦基準として各活動（包装や輸送）に割り当て、各活動に割り当てられた費用や活動作用因（運送回数など）を配賦基準として製品ごとに割り当てて、製品原価を計算します。

　ABCでは、部門でなく**活動（activity）**が原価の集計場所となります。原価の集計場所のことを**コスト・プール（cost pool）**と呼びます。投入された**資源（resource）**は活動に消費されますので、**資源作用因（resource driver）**を配賦基準として各活動に配賦します。その後、各活動は製品に消費されますので、各活動に集計された間接費は**活動作用因（activity cost）**を配賦基準として、製品などの原価計算対象（cost objective）に配賦し、原価計算されます。

　原価作用因（cost diver）は原価を発生させる要因のことであり、資源作用因と活動作用因の総称です。

伝統的な原価計算の製造間接費の配賦方法

　伝統的な原価計算では、直接費は賦課されますが、製造間接費の配賦は図6-2-3のように3段階で行われます。

・第1段階（部門共通費の配賦）
　製造間接費のうち、部門個別費は各部門に賦課しますが、部門共通費は配賦基準（減価償却費などは各部門の占有面積等）で製造部門と補助部門に配賦します。

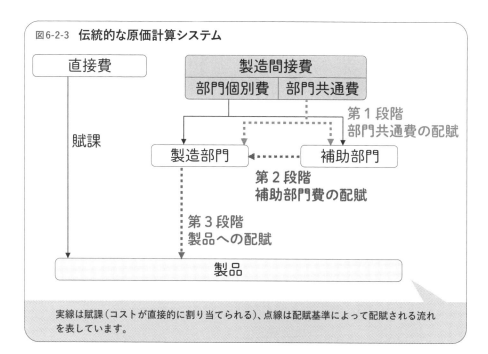

図6-2-3　伝統的な原価計算システム

実線は賦課（コストが直接的に割り当てられる）、点線は配賦基準によって配賦される流れを表しています。

・第2段階（補助部門費の配賦）
　補助部門に配賦された部門共通費は、配賦基準（動力部門であれば各製造部門の動力消費量など）で製造部門に配賦されます。

・第3段階（製品への配賦）
　製造部門ごとに集計した製造間接費は、配賦基準（直接作業時間や機械稼働時間など）で各製品に配賦されます。

ABCの製造間接費の配賦方法

　ABCでは活動ごとに原価を集計し、製造間接費の配賦は図6-2-4のように2段階で行われます。

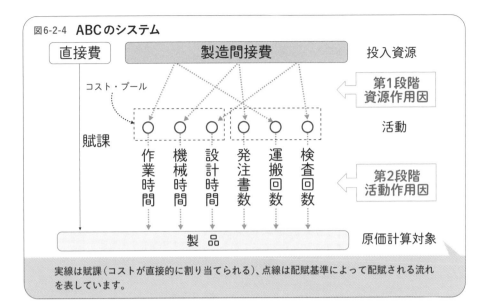

図6-2-4 ABCのシステム

実線は賦課（コストが直接的に割り当てられる）、点線は配賦基準によって配賦される流れ
を表しています。

・第1段階（活動への配賦）
　資源（製造間接費）を資源作用因（作業時間など）で活動に配賦し
　ます。

・第2段階（原価計算対象への配賦）
　活動ごとに集計した製造間接費は、活動作用因（機械時間や設計回
　数など）で原価計算対象（製品）に配賦します。

　ABCにおいて、資源を活動ごとに配賦するのは、各活動の回数や時間と資源
の消費との間に比例的な関係が見出しやすいからです。例えば、品質検査に関
連した原価に対しては、配賦基準として品質検査の回数を使えば、原価と回数
は比例的な関係にある可能性が高いはずです。ABCは原価と配賦基準との間に
比例的な関係を見出せるようにしたことで、間接費の配賦の精度を向上させた
とも言えます。

ABCの製造間接費の具体例

次の資料を元に、伝統的な原価計算よる間接費の配賦額と、ABCによる間接費の配賦額の違いを確認します。

X社の工場は、製造部門と間接部門の2部門があります。工場では、月産で製品Aを800個と、製品Bを200個生産をしています。月初と月末には、棚卸資産はないと仮定します。

図6-2-5　**製品Aと製品Bのデータ**

（単位：千円）

	製品A	製品B	合計
月初仕掛品	0	0	0
直接材料費	1,200	200	1,400
直接労務費	900	400	1,300
製造間接費	?	?	1,800
月末仕掛品	0	0	0
製造原価	?	?	
直接作業時間	80時間	20時間	100時間

まずは、伝統的な原価計算よって間接費の配賦額を計算してみましょう。なお、製造間接費の配賦基準には、直接作業時間を用いるものとします。

製品Aの製造間接費の配賦額1,440千円
＝（製造間接費1,800千円÷直接作業時間合計100時間）×製品Aの直接作業時間80時間

製品Bの製造間接費の配賦額360千円
＝（製造間接費1,800千円÷直接作業時間合計100時間）×製品Bの直接作業時間20時間

製品Aの方が配賦基準となる直接作業時間が長いので、製造間接費の配賦額が大きくなっています。

次いで、各製品の単位あたりの製造原価を計算してみます。

製品Aの単位あたり製造原価4,425円/個
＝（直接材料費1,200千円＋直接労務費900千円＋製造間接費配賦額1,440千円）÷生産量800個

製品Bの単位あたり製造原価4,800円/個
＝（直接材料費200千円＋直接労務費400千円＋製造間接費配賦額360千円）÷生産量200個

製品Bの方が、単位あたりの製造原価が375円/個高い結果となりました。この結果を鵜呑みにしていいのでしょうか？

　ABCで製造間接費の配賦額を再検討するためにアクティビティ（活動）を調べてみると、設計、材料受入、品質検査、梱包のアクティビティに分類されることがわかりました。それぞれのアクティビティの情報は、図6-2-6のとおりです。

図6-2-6　**アクティビティのデータ**

アクティビティ	資源作用因 （作業人数）	活動作用因	製品A	製品B	合計
設計	2人	設計回数	5回	10回	15回
材料受入	1人	材料受入回数	10回	5回	15回
品質検査	2人	品質検査回数	5回	10回	15回
梱包	1人	梱包回数	10回	5回	15回

　ABCでは第1段階として、製造間接費を各アクティビティに配賦します。各アクティビティに同レベルの作業員が配置されているため、資源作用因として作業人数を採用することにしたとします。そうすると、次のように製造間接費は配賦されます。
　この配賦された額を、活動原価（activity cost）といいます。

▼活動原価

- 設計600千円＝（製造間接費1,800千円÷作業員合計6人）×2人
- 材料受入300千円＝（製造間接費1,800千円÷作業員合計6人）×1人
- 品質検査600千円＝（製造間接費1,800千円÷作業員合計6人）×2人
- 梱包300千円＝（製造間接費1,800千円÷作業員合計6人）×1人

第2段階として、活動原価を、活動作用因を配賦基準とした最終的なコスト・オブジェクトである製品に配賦します。

両製品の製造間接費に各活動の原価を配賦すると、次のように計算されます。

製品Aの製造間接費800千円
＝（設計の原価600千円÷設計回数合計15回）×設計回数5回＋（材料受入の原価300千円÷材料受入回数合計15回）×材料受入回数10回＋（品質検査の原価600千円÷品質検査回数合計15回）×品質検査回数5回＋（梱包の原価300千円÷梱包回数合計15回）×梱包回数10回

製品Bの製造間接費1,000千円
＝（設計の原価600千円÷設計回数合計15回）×設計回数10回＋（材料受入の原価300千円÷材料受入回数合計15回）×材料受入回数5回＋（品質検査の原価600千円÷品質検査回数合計15回）×品質検査回数10回＋（梱包の原価300千円÷梱包回数合計15回）×梱包回数5回

直接作業時間は製品Aの方が長いですが、設計や品質検査といった活動原価が大きなアクティビティの活動作用因は、製品Bの方が大きいため、ABCによると製品Bの方が製造間接費が多く配賦されます。

では、各製品の単位あたりの製造原価も計算してみましょう。

製品Aの単位あたり製造原価3,625円/個
＝（直接材料費1,200千円＋直接労務費900千円＋製造間接費配賦額
800千円）÷生産量800個

製品Bの単位あたり製造原価8,000円/個
＝（直接材料費200千円＋直接労務費400千円＋製造間接費配賦額
1,000千円）÷生産量200個

　製品Bの方が、単位あたりの製造原価が伝統的な原価計算の時より大幅に高くなります。

　この違いは、製造間接費の配賦額の違いから生じています。伝統的な原価計算では、直接作業時間などの生産量が多ければ配賦額が多くなる配賦基準で配賦されますが、少量生産の製品Bには製造間接費の配賦は少なくなります。

　一方、ABCでは、大量生産の製品Aより、製造の前段階の設計やその後の品質検査に手間がかかる製品Bの方に、製造間接費が多く配賦されます。伝統的な原価計算では、実際には多く資源を消費している製品Bに製造間接費を負担させにくい結果となります。

6-2 のまとめ

- ABCとは、製造間接費を活動に割り当てて、その活動を基準として製品に原価を割り当て製品原価を算定する手法のこと。
- ABCでは、第1段階で資源（製造間接費）を資源作用因で活動（アクティビティ）に配賦し、第2段階で活動ごとに集計した製造間接費を活動作要因で原価計算対象（製品）に配賦する。

演習問題

　本編中に出てきた製品ＡとＢの例で、各製品の売価を伝統的な原価計算で計算された製造原価の1.4倍に設定したとすると、製品ＡとＢの単位あたりの売上総利益はいくらになるでしょうか？

　またその際、売上総利益率の高い製品を積極的に販売するという戦略は適切かどうかを検討してください。

解答

　伝統的な原価計算で製造原価を計算すると次のようになり、製品Ｂを積極的に販売する戦略をとることになります。

> 製品Ａの単位あたりの売上総利益1,770円/個
> 製品Ｂの単位あたりの売上総利益1,920円/個

　しかし、ABCで計算すると次のようになり、製品Ｂは赤字製品のため、積極的に販売する戦略は適切ではありません。

> 製品Ａの単位あたりの売上総利益2,570円/個
> 製品Ｂの単位あたりの売上総利益-1,280円/個

解説

　伝統的な原価計算で売上総利益率を計算するだけでなく、ABCでも計算してみましょう。

・伝統的な原価計算

　製品Ａの単位あたりの製造原価は4,425円/個、製品Ｂは4,800円/個でした。製造原価の1.4倍を売価にすると、製品Ａは6,195円/個、製品Ｂは6,720円/個となります。

　よって、各製品の単位あたりの売上総利益率は次のようになり、

	製品Ａ	製品Ｂ
売価	6,195円	6,720円
製造原価	4,425円	4,800円
売上総利益	1,770円	1,920円

単位あたりの売上総利益が高い製品Bの販売を拡大する戦略をとった方がいいことになります。

　では、製造間接費の配賦額の制度が高いABCではどうなるでしょうか?

　ABCで計算した製品Aの単位あたり製造原価は3,625円/個、製品Bは8,000円/個でした。

　売価は伝統的な原価計算で計算された数値の1.4倍で設定されているので、各製品の単位あたりの売上総利益率は次のようになり、

	製品A	製品B
売価	6,195円	6,720円
製造原価	3,625円	8,000円
売上総利益	2,570円	− 1,280円

　売上総利益が大きいと思っていた製品Bは、実は赤字製品であったことがわかります。そのため、製品Bの販売を拡大する戦略をとったとすると、収益を圧迫することになってしまいます。

ABM
(Activity-Based Management)

－活動に注目して原価低減を図る

伝統的な原価計算での製造間接費の配賦の問題が、ABCの登場でクリアになったよね。

はい、直接作業時間や機械稼働時間で配賦するのが当たり前と思っていましたが、活動に着目するとはすごい観点ですね。

そうだね。ただABCは製造間接費の配賦方法なので、それだけでは原価低減に直接結びつかないよ。

ABM（activity-Based Management）

活動ごとに製造間接費を集計して配賦していくABCの登場で、伝統的な原価計算の欠点であった間接費の配賦の恣意的な計算の問題には、一応の決着がつきました。

ただ、ABCは製造間接費を合理的に配賦して、適性に製品原価を算定するための技法ですので、ABCだけで直接的に原価低減を図れるわけではありません。

そこで、ABCと同様に原価を活動に分解して把握した活動原価を原価低減に活用しようとする、**ABM（Activity-Based Management；活動基準管理）**の考え方が提唱されるようになりました。

ABMもABCも活動に焦点を当てているので似ているような感じがしますが、ABCは原価を測定することが主たる目的で、ABMは活動ごとの仕事のやり方を改善して原価を低減しようとする点が異なります。

> **用語解説** **ABM**とは、活動ごとの仕事のやり方に焦点を当てて、原価低減を図ろうとする手法のこと。

ABMは、業務プロセス内の活動に焦点を当てて、活動ごとの仕事のやり方を
マネジメントすることで原価低減を図ることを目的としています。具体的には、
活動分析、原価作用因分析、業績測定が実施されます。

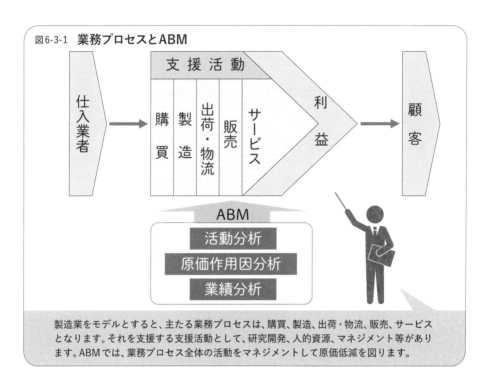

図6-3-1　**業務プロセスとABM**

支 援 活 動

仕入業者

購買／製造／出荷・物流／販売／サービス

利益

顧客

ABM
活動分析
原価作用因分析
業績分析

製造業をモデルとすると、主たる業務プロセスは、購買、製造、出荷・物流、販売、サービス
となります。それを支援する支援活動として、研究開発、人的資源、マネジメント等があり
ます。ABMでは、業務プロセス全体の活動をマネジメントして原価低減を図ります。

　まず、活動分析では、業務プロセスにおいてどのような活動が行われている
のか、それに関わる人・時間・コスト等をインタビューや観察を通じて把握し、
それらの活動が企業の価値を生み出すために有益な活動なのか、無駄な活動な
のかを分析します。

　次に、原価作用因分析では、資源と活動をつなぐ資源作用因や、活動と原価
計算対象をつなぐ活動作用因に適切な因果関係があるかどうかを分析します。こ
れによって、これまで見えなかった間接費の発生のメカニズムが見える化され
ます。

　その結果、活動原価が明らかになり、仕事のやり方をマネジメントし改善す
ることで原価低減、ひいては利益の改善といった財務的な成果にどれだけ結び
ついたかの業績分析が行われます。

ABMは活動ごとに仕事のやり方を見直して、原価低減を図る有効なツールです。

特に、製造間接費を、原価作用因を基準として活動ごとに紐付けたことで、伝統的な原価計算より製造間接費の低減に効果を発揮していることは間違いありません。

ただし、実務でABMを使う上では注意が必要です。それは、活動作用因を削減しただけではコスト低減にならないということです。なぜなら、コストの発生の源はあくまで資源だからです。

例えば、品質検査という活動に検査時間100時間/月で100万円かかっていたとしましょう。品質検査時間を10％短縮すれば、品質検査のコスト100万円が10％削減されて90万円になると考えていいのでしょうか？

計算的には問題なさそうですが、仮に品質検査の資源である間接費の中身が検査作業員5人の人件費だとすると、品質検査時間を10％削減しても、検査作業員の人数が減らない限りコスト低減にはなりません。つまり、活動作用因を減らし、各活動を効率的に行うことで、結果的に資源の消費量を減らさないと原価低減にはならないということです。この場合、品質検査時間が短縮されて、結果的に検査作業員の人数が減って初めて、コストの低減になります。

さらに気をつけなければいけないのは、資源はその最小の単位でしか削減できないという点です。計算上は、検査作業員を0.5人削減することができますが、現実問題としては1人という単位でしか削減することはできません。

仕事のやり方を見直して、最終的に最小の単位ずつ資源の消費量を減らすことが、ABMのポイントになります。

ABB（activity-Based Budgeting）

ABCは、活動をベースにして製造間接費を合理的に配賦して、適性に製品原価を算出する技法でした。またABMは、活動ごとの仕事のやり方を改善し、原価の低減を図る方法でした。

そして近年、ABCやABMの考え方を予算管理に活かそうという**ABB（Activity-Based Budgeting；活動基準予算）**の考え方が着目されています。

伝統的な予算の立て方は、財務会計上の費目ごと（例、給料、広告宣伝費、旅費交通費、通信費など）に予算が組まれます。一方、ABBではABCやABMの考え方のように、活動に焦点を当て活動別に予算を編成します。

例えば、営業部門を例に取ると、営業のプロセスを次のように活動ごとに分解します。

▼営業プロセス

顧客リスト作成⇒アポイント⇒提案書作成⇒訪問⇒商談⇒見積書作成⇒契約⇒アフターフォロー

ABBでは、「顧客リスト作成」や「アポイント」といった活動ごとに予算を組んでいきます。活動ごとに予算を組むことで、仕事の内容が見える化され業務改善がしやすくなり、予算と業績評価の関連付けも明確になるのです。

用語 解説	ABBとは、原価と活動を原価作用因で結びつけ、活動ごとに予算を組む予算管理の手法のこと。

6-3 のまとめ

- ・ABMとは、活動ごとの仕事のやり方に焦点を当てて、原価低減を図ろうとする手法のこと。
- ・ABBとは、費目別でなく活動ごとに予算編成をして、予算管理を実現しようとする手法のこと。

演習問題

　新たに10名の社員を採用します。配属先は営業部7名、総務部1名、経理部1名、企画部1名です。採用にかかったコストは100万円でした。

　各部門の採用に要した時間は次の通りでした。カッコ内は、人材会社から得た標準的な採用時間です。

> 営業部：5時間（10時間）
> 総務部：10時間（10時間）
> 経理部：10時間（20時間）
> 企画部：25時間（10時間）

　以上から、採用コストを部門に負担させるとしたら、どのような配賦基準があるでしょうか？

解答

- ・各部門の採用人数
- ・各部門の採用に要した時間
- ・各部門の標準的な採用時間

解説

原価作用因を何にするかについて、考えてみてください。

・原価作用因を各部門の採用者数にする

　原価の測定を重視したABC的に考えると、コストと原価計算対象との因果関係を採用者数とするのが一般的でしょう。

> 営業部：70万円＝（7人/10人）× 100万円
> 総務部：10万円＝（1人/10人）× 100万円
> 経理部：10万円＝（1人/10人）× 100万円
> 企画部：10万円＝（1人/10人）× 100万円

・原価作用因を各部門の採用時間にする

　仕事のやり方を改善した原価低減を重視するABM的に考えると、採用

時間を原価作用因と考えることもできます。

営業部：10万円＝（5時間/50時間）×100万円

総務部：20万円＝（10時間/50時間）×100万円

経理部：20万円＝（10時間/50時間）×100万円

企画部：50万円＝（25時間/50時間）×100万円

　この方法ですと、営業部門は採用人数が多いにもかかわらず、少ない採用時間で効率的に採用活動を実施した一方で、企画部門は採用に多くの時間をかけていたことがわかります。

・原価作用因を各部門の標準的な採用時間にする
　標準採用時間を原価作用因として予算を組むABB的に考えると、次のように、上記「実際に配賦された金額」との差異を表すことができます。

営業部：20万円＝（10時間/50時間）×100万円　差異10万円

総務部：20万円＝（10時間/50時間）×100万円　差異 0万円

経理部：40万円＝（20時間/50時間）×100万円　差異20万円

企画部：20万円＝（10時間/50時間）×100万円　差異 -30万円

　この方法ですと、営業部門は効率的に採用活動をしましたが、それ以上に経理部門が効率性が高かったことがわかります。また、総務部は標準的でしたが、企画部は採用に時間をかけすぎて効率性に欠けていたと言えます。

戦略的意思決定（長期視点）のための管理会計

第三部

資本コスト

～資金調達のためのコストを知る～

　会社は様々な方法で資金を調達し、それで日々の業務を行い、将来のための設備投資も行いつつビジネスを遂行しています。そして、どのように資金を集めるとしても、資金調達には必ずコストが伴います。

　第7章では、「資本コストとは」からスタートし、負債による資金調達のコストについて考察します。次いで、純資産による資金調達のコストの算出方法である資本資産評価モデル、負債コストと純資産のコストを合わせた加重平均資本コストの算出方法、そして最後に、本当に資本コストが計算できるものなのか、情報ソースを紹介しながら、実際に資本コストを計算していきます。

資金調達と調達のコスト

−資本コストの基礎を理解する

 会社の資金調達は、どの財務諸表を見たらわかると思う？

はい、貸借対照表の右側の負債と純資産の部です。

 では、資金調達したときに発生するコストと聞いて、何を思い浮かべる？

負債の部に借入金や社債がありますよね。それらの支払利息とか社債利息とかですかね。

 損益計算書に表示されている勘定科目としてはそうだね。じゃあ、純資産の部のコストはどう考えたらいい？

純資産の部ですか？ 資本金や剰余金には利息なんてないですから、コストはないのではないでしょうか？

資本コスト

　会社は様々な方法で資金を集めてきて、その資金を工場や機械等の設備投資や新規事業などへ投資をすることで、利益を獲得しています。言い換えると、会社は調達した資金を運用することでビジネスを展開しているわけです。

　資金調達の方法には、金融機関から借り入れる（借入金）、社債を発行する（社債発行）、株主から資金を得る（新株発行）、自分たちで稼ぐ（内部留保）などの方法があります。こうした資金調達は、無料でできるわけではありません。必ずコストがかかっています。例えば、借入金であれば金融機関に払う支払利息、社債発行であれば社債権者に払う社債利息がかかります。

新株発行や内部留保の場合は少しわかりにくいですが、実は借入金や社債発行と同じようにコストが存在します。株主は善意で投資をしてくれているわけではなく、何らかのリターンを求めて投資をしています。その期待しているリターン分を、会社は稼ぎ出さなくてはなりません。また内部留保にしても、会社自らが稼ぎ出したので誰かに利息を支払うわけではありませんが、他の投資をしていたら得られたであろう利益を犠牲にして留保されるわけですので、失われた利益、いわゆる機会原価だと言えます。

　このように、会社が調達した資金（資本ともいう）にはコストがかかっています。そのコストの総称を、**資本コスト**（cost of capital）といいます。

　ところで、私たちは会社の資金調達コストである資本コストを即答できるでしょうか？
　会社の利益率を即答できる方は多いでしょうが、資金調達コストを何％とすぐに答えられる方は多くありません。しかし、ビジネスを遂行していく上で、資金調達コストを知っておくことは非常に重要なことです。
　なぜなら、当たり前のことですが、調達資金を投資するには少なくとも資本コストを上回る利益を生み出さなければ、ビジネスは成り立たないからです。

　そう考えると、資本コストは会社が生み出さなければならない、最低限必要な利益率とも言えます。資金調達に５％のコストがかかっているにもかかわらず、その資金を使って投資したら２％の利益しか生んでないとしたら、逆ザヤが発生してしまうからです。そのため、資本コストは会社が超えなければならないハードルだと考えていいかもしれません。

用語解説	**資本コスト**とは資金調達のコストのことで、投資が獲得しなけらばならない最低限の利益率のこと。

負債の資本コスト

　会社の資金調達の源泉を考えると、大きくは、他人からの資金調達と株主や会社自らの資金調達に分けることができます。財務会計的に見ると、貸借対照表の右側（調達サイド）である負債の部と純資産の部の項目です。
　会社が負債として調達した資金のコストのことを、**負債の資本コスト**とか**負**

債コストといいます。一方、株主等から調達した純資産のコストを、株主資本コストとか株主資本の資本コストといいます。

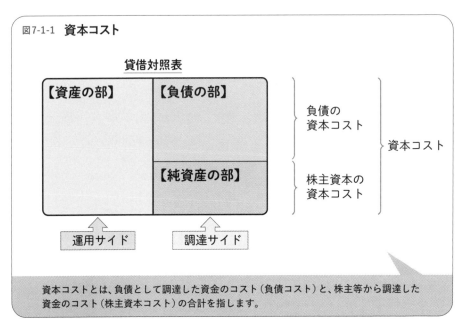

図7-1-1 **資本コスト**

資本コストとは、負債として調達した資金のコスト（負債コスト）と、株主等から調達した資金のコスト（株主資本コスト）の合計を指します。

　ここではまず、負債コストから考えていきましょう。
　金融機関から融資を受けて資金調達をする借入金にしろ、社債権者からの社債にしろ、借入金の元本や社債の償還の他に、調達コストとして利息を払うことになります。この利息が負債コストですが、利息の利率がそのまま負債コストになるわけではありません。なぜなら、利息は費用なので、会社の利益を減らし、その結果、会社の利益にかかる税金を減らすことになるからです。
　つまり、利息には税金を安くする節税効果がありますので、それを考慮して負債コストを考えなくてはなりません。

　次の例で、利息の節税効果を確認してみましょう。

　A社とB社はともに、売上高100,000千円、原価や経費60,000千円です。A社は無借金経営ですが、B社は100,000千円の借入があり、5％の利息（5,000千円）を支払っているとします。実効税率が40％だとすると、A社とB社の税引後の利益は次のようになります。

	A社	B社	（単位：千円）
売上高	100,000	100,000	
原価・経費	60,000	60,000	
支払利息	0	5,000	
税引前利益	40,000	35,000	
税金	16,000	14,000	
税引後利益	24,000	21,000	

　B社はA社より支払利息5,000千円が発生しているため、税引後利益も5,000千円の違いでよさそうです。しかし、A社とB社の税引後の利益の差は3,000千円です。なぜなら、B社の方が税金が2,000千円だけ少なくて済んでいるからです。

　この2,000千円（＝支払利息5,000千円×実効税率40％）が、支払利息の節税効果分です。支払利息という費用が発生するために、利益が少なくなり、結果として税金が少なくなっているのです。

　つまり、会社としては金融機関から5％で資金調達をしたわけですが、実質的には3％｛＝利子率5％×（1－実効税率40％）｝の金利負担で済んでいるということです。

　以上のように、負債コストの算出は、税引後で考えればいいのです。

負債コスト＝利子率×（1－税率）

　社債の社債利息にしても、借入金の支払利息と同様、費用となって利益を減少させるため、結果的に税金を減らす効果を持ちます。

7-1 のまとめ

・資本コストとは資金調達のコストのことで、投資が獲得しなけらばならない最低限の利益率のこと。
・負債コストは、「利子率×（1－税率）」の算式のように、税引後で考える。

演習問題

　　A社の資金調達の源泉を調べてみると、次の通りでした。資金の源泉別の負債コストを計算してください。なお、実効税率は40%とします。

　　借入金：500,000千円、利子率2%
　　社債　：500,000千円、利子率4%

解答

　　借入金の負債コスト1.2%＝利子率2%×（1－実効税率40%）
　　社債の負債コスト2.4%＝利子率4%×（1－実効税率40%）

解説

利息の節税効果を忘れないようにしましょう。

　　支払利息も社債利息も費用となるため、節税効果があります。そのため、資金の源泉別の負債コストを算出する上でも、税金分を考慮する必要があります。本文の算式に当てはめてみると、次のように計算できます。

借入金の負債コスト1.2%＝利子率2%×（1－実効税率40%）
社債の負債コスト2.4%＝利子率4%×（1－実効税率40%）

　　設問にはありませんが、負債全体のコストはいくらになるでしょうか？
　　個別の負債コスト（額）は次のようになります。

借入金の負債コスト（額）6,000千円
＝借入金500,000千円×利子率2%×（1－実効税率40%）
社債の負債コスト（額）12,000千円
＝社債500,000千円×利子率4%×（1－実効税率40%）

　　よって、負債全体のコストは

負債コスト1.8%
＝（6,000千円＋12,000千円）÷（500,000千円＋500,000千円）×100

となります。

資本資産評価モデル（CAPM）

－株主資本コストを理解する

 資金調達にコストがかかっていることは、理解できたかい？

 はい。支払利息や社債利息は損益計算書で見慣れているので、負債のコストという認識はありましたが、税金分を差し引いて考えるというのは目から鱗でした。

 そこが、財務会計と管理会計の視点の違いなんだよ。

 目に見えるものだけを追っていてはダメですね。

 そうだね。ところで目に見えると言えば、株主資本コストの方は大丈夫かい？

 株主資本にもコストがかかるというのは理解したのですが、株主が期待しているリターン分と言われても、それこそ目に見えない感じで・・・

株主資本コスト

　7-1で検討した負債のコストは、支払利息や社債利息の利子率が借入金の明細等に載っているので、比較的わかりやすい考え方でした。その一方で、株主資本コストは少し難しい概念です。

　株主資本は、株主が会社に出資した資本の部分と、会社が自ら稼ぎ出して内部留保した利益の部分から構成されます。資本にしろ、内部留保した利益にしろ、両者ともどれくらいのコストがかかっているのかが明示された資料がないので、どのように考えたらいいのかを理解するのが厄介です。

管理会計の世界では株主資本のコストについて、株主は出資した資本に対して何%のリターンが欲しいと考えているのか、その株主が要求し期待する収益率だと考えています。

　負債のコストにあたる支払利息や社債利息は、財務会計で作成される損益計算書の営業外費用に表示されています。しかし、株主の期待する収益といった項目は損益計算書を見ても、どこにも表示されていません。
　では、株主の期待収益率とは何でしょうか？

　株主の期待収益率とは、前述したように株主が何%のリターンを期待しているかということに他ならないのですが、この考え方を理解することが管理会計の戦略的な意思決定をマスターする上での1つのポイントになりますので、もう少し踏み込んで考えてみましょう。

　資金を保有している人には、株式の他、不動産、貴金属、社債など、様々な投資の機会があります。経済的には、その中で最も投資利回りのいい（儲かる）ものに投資をするはずです。例えば、ある会社の株式を保有しようと株式投資したとすると、それはその株式に投資することが経済的に最も合理的であると考えたからでしょう。なぜなら、株式投資よりも投資利回りがいい投資があれば、他に資金を提供するはずだからです。
　つまり、株主が期待する収益率とは、株式投資以外の投資機会から得られたであろう儲けだとも言い換えることができます。管理会計における固有の原価、機会原価（第1章参照）の考え方です。

資本資産評価モデル（CAPM）

　では、株主資本コストはどのようにして求めることができるでしょうか？
　管理会計、特にファイナンスの分野では、**資本資産評価モデル（CAPM；Capital Asset Pricing Model）** というモデルが使われます。資本資産評価モデルとは、ある会社の株式はどの程度の価格変動リスクがあって、投資家からどの程度の収益率が求められているかという考えを前提に、株主資本コストを推定するモデルです。通称、キャップエムと呼ばれています。

CAPMでは、株主からの期待収益率、つまり株主資本コストを次の算式で計算します。

$$E(r) = Rf + \beta \times [E(Rm) - Rf]$$

E(r)：株主からの期待収益率（株主資本コスト）
Rf：リスクフリーレート（risk free rate）
β：個別企業の株式のβ値
E(Rm)：株式市場全体の期待収益率
[E(Rm) − Rf]：株式市場全体のリスクプレミアム

CAPMとは、簡単に言ってしまうと、安全証券の利子率と考えられるリスクフリーレート（Rf）に、ある株式のリスクプレミアム（$\beta \times [E(Rm) - Rf]$）を上乗せして計算する方法です。

算式の一つ一つを見ていきましょう。

−Rf−

Rfは**リスクフリーレート**のことで、リスクがゼロの安全証券の利子率のことです。

リスクがゼロの安全証券がこの世に存在するかというと難しいところですが、一般的には、国の国債をリスクゼロの安全証券と考えます。確かに、国債のリスクが全く無いかと言えば、そうは言い切れない側面もあります。しかし、国債がだめになってしまうケースは国が実質的に破綻した場合ですので、あまり起きうることではありません。そこで、国が発行する国債をリスクゼロの安全証券と見なします。

−E(Rm)−

E(Rm)は株式市場全体の期待収益率で、日本の株式市場全体に投資をしたとするとどのくらい稼ぎたいかという数値です。E（Rm）からリスクフリーレートを差し引いた[E(Rm) − Rf]が、実際に株式市場に投資をした場合に獲得できる実質的なリターンです。例えば、リスクフリーレートが1%、株式市場全体の期待収益率が5%だとした場合、リスクを取り株式投資をして獲得で

きるプラスアルファ分、つまり株式市場全体の**リスクプレミアム**は「4%（＝5%-1%）」ということになります。

− β値 −

　最後に、β値です。β値は、株式市場全体の期待収益率の変動に、個別企業の期待収益率がどの程度、反応するかを表す値です。β値は、ある企業の事業のリスクを表しています。

　β値が高い企業は、事業のリスクが高く、相対的に株価の変動幅が大きくなります。良い時はいいけれど、悪い時は大きく悪くなるパターンです。一方、β値が低い企業は事業リスクが低く、相対的に株価の変動幅は小さくなります。良い時も悪い時も、あまり変動せずに安定したパターンです。

　例えば、株式市場全体の株価が10％上昇したとき、ある会社の株価が20％上昇したとしたら、その会社のβ値は2（＝20％÷10％）となります。

　β値が2ということは、株式市場全体で株価が10％上昇すれば、その会社の株価は20％上昇し、逆に株式市場全体の株価が10％下落すれば、その会社の株価は20％下落するということです。一方、β値が0.5だとすると、株式市場全体が10％上昇しても、その会社の株価は5％上昇にとどまり、全体が１０％下落しても、5％の下落で済むということです。

　このβ値の話は、直感的にも理解しやすいでしょう。

　皆さんが投資をする際には、リスクの高い事業を経営する会社には高いリターン（ハイリスク・ハイリターン）を求めるでしょうし、リスクの低い事業を経営する会社には安定を求めて、低いリターン（ローリスク・ローリターン）でも良いと考えるはずです。

　つまり、株式市場全体のリスクプレミアムに個々の会社の株価の振れ幅であるβ値を乗じた「β×[E(Rm)−Rf]」は、個別の株式のリスクプレミアムとなるのです。

　用語が多くて混乱してしまいそうですが、これまでの話を図で表してみると理解がしやすくなります。図7-2-1を見てください。

　図を右から順に見ていくと、CAPMのモデルの理解が進みます。

　まず、安全証券である国債の利回りに、リスクを取って株式投資をして獲得できるプラスアルファ分（リスクプレミアム）を加算した数値が、株式市場全体の期待収益率です。

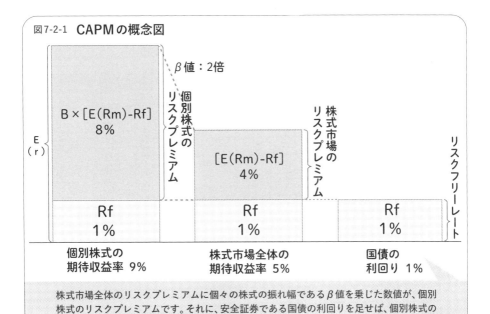

図7-2-1　CAPMの概念図

次に、株式市場全体のリスクプレミアムに、個別株式の株式市場全体の変動に対する感度であるβ値を加味して、個別株式のリスクプレミアムを算出します。

最後に、個別株式のリスクプレミアムに安全証券の国債の利回りを加算した数値が、個別株式の期待収益率となり、この値を株主資本コストと考えるのがCAPMのモデルなのです。

株主資本コストの算出

次の数値例を基に、CAPMを使ってA社の株主資本コストを求めてみましょう。

・国債の利回り：1.5%
・A社のβ値：1.2
・株式市場全体の期待収益率：6.0%

まずは、数値例の意味を確認しておきます。

国債の利回り：安全証券である国債に投資したとしても、1.5％の利回りが期待できる。
A社のβ値：株式市場全体が10％上昇したら、A社株式は12％上昇し、逆に10％下落したら12％下落する。
株式市場全体の期待収益率：経済環境などによって変動する株式市場全体に投資をしたとしたら、6.0％の収益を期待する。

では、実際に株主資本コストを計算してみます。

CAPMでは、個別株式の期待収益率E(r) を次の算式で求め、その値を株主資本コストと推定します。

$$E(r) = Rf + \beta \times [E(Rm) - Rf]$$

数値例から、リスクフリーレートRfは1.5％、個別株式の変動幅β値は1.2、E(rm) は6.0％であることがわかります。それらをCAPMの算式に当てはめると、A社の株主資本コストE(r) は次のようになります。

$$E(r) = 1.5\% + 1.2 \times (6.0\% - 1.5\%) = 6.9\%$$

以上から、A社の株主資本コストは6.9％と推定されます。β値が1より大きいため、株式市場全体の期待収益率6.0％を上回っています。これは投資家が、A社は事業リスクが高い分、株式市場全体よりも高いリターンを期待していることの現れだと言えるでしょう。

最後に、考え方のポイントについてまとめておきます。
一般的には、CAPMの算式は本文に記載した通り、次のように表されます。

$$E(r) = Rf + \beta \times [E(Rm) - Rf] \qquad \cdots 式①$$

この式①のイコールの右側にあるRfを左辺に移項すると、もっとわかりやすくなります。

$$E(r) - Rf = \beta \times [E(Rm) - Rf] \qquad \cdots \text{式②}$$

　式②の左辺は、安全証券である国債の利回りであるリスクフリーレートを上回る個別株式のリスクプレミアムです。

　一方、右辺のカッコ内は、安全証券である国債の利回りであるリスクフリーレートを上回る株式市場全体のリスクプレミアムを表しています。右辺は、その株式市場全体のリスクプレミアムに、個別株式の変動幅であるβ値を乗じて、個別株式のリスクプレミアムを求めています。

　つまり、式②を簡単に書き換えると、次のようになります。

個別＝個別の変動幅×全体

　全体に個別の変動幅をかけることで、個別のリスクプレミアムを算出している。このように考えると、CAPMによる株主資本コストの算出も身近なものに思えてくるのではないでしょうか？

7-2 のまとめ

- 株主資本コストとは、株主がある会社に投資した場合にリターンとして期待する収益率のこと。
- 資本資産評価モデル（CAPM）とは、ある会社の株主資本コストを推定するモデルのこと。

演習問題

インターネットで株式市場のデータを調べてみると、以下のような数値がわかりました。株式市場全体のリスクプレミアムとA社株式のリスクプレミアムを、資本資産評価モデルを使って算出してください。

・国債の利回り：1.0%
・A社のβ値：0.8
・株式市場全体の期待収益率：4.0%

解答

株式市場全体のリスクプレミアム3.0%
＝株式市場全体の期待収益率4.0%－国債の利回り1.0%

A社株式のリスクプレミアム2.4%
＝A社株式の期待収益率3.4%－国債の利回り1.0%

解説

株式市場全体と個別株式のリスクプレミアムの関係を意識しましょう。

この演習問題では、CAPMの式①を式②のように変形して考えてみます。

$$E(r) = Rf + \beta \times [E(Rm) - Rf] \quad \cdots 式①$$
$$E(r) - Rf = \beta \times [E(Rm) - Rf] \quad \cdots 式②$$

式②の右辺の $[E(Rm) - Rf]$ が、株式市場全体のリスクプレミアムです。

よって、株式市場全体のリスクプレミアムは3.0%（＝4.0%－1.0%）となります。

さらに右辺を見ると、株式市場全体のリスクプレミアム3.0%にβ値0.8を乗じた数値2.4%となり、この数値が式②の左辺の $[E(r) - Rf]$ であるA社株式のリスクプレミアムとイコールになります。

言い換えると、A社株式のリスクプレミアムは、A社株式の期待収益率3.4%から国債の利回り1.0%を引いた2.4%です。

第三部 ｜ 戦略的意思決定（長期視点）のための管理会計
第7章 ｜ 資本コスト ～資金調達のためのコストを知る～

A社株式のリスクプレミアム2.4%が、株式市場全体のリスクプレミアム3.0%より小さいのは、β値が1より小さいためです。これは投資家が、A社の事業リスクが低い分、株式市場全体よりも低いリターンでも安定を求めていることの現れだと言えます。

加重平均資本コスト
（WACC）

－結局、資本コストはいくらなのか？

支払利息などの負債による資金調達のコストだけでなく、株主からの資金調達にもコストがかかるんですね。

そうだね。株主資本コストは、支払利息のように損益計算書には明示されないから、実務でも長い間、株主資本にコストがあるという認識は薄かったんだよ。

確かに、株主資本コストは費用とは違うからわかりづらいです。

ところで、会社が資金調達のためにどのくらいのコストを使ったのか、算出できるかい？

負債コストと株主資本コストを足したらいいんでしょうか？

総資本コスト

会社を運営していくためには資金が必要です。

7-2 までで見てきたように、資金調達の方法には、借入金や社債など外部から借りてきた資金と、株主から調達してきた資金がありました。貸借対照表上、外部から借りた資金は負債の部に、株主から調達した資金等は純資産の部に表示されています。

管理会計では、負債の部に表示されている調達資金を他人資本（有利子負債）、純資産の部に表示されている調達資金を自己資本（株主資本）と呼ぶことがあります。

> **用語解説** 他人資本とは、外部から借りてきた負債の部に表示されている有利子負債のこと。

他人資本と自己資本の合計が、会社が調達してきた資金の全てです。その全ての調達資金を、<u>総資本</u>と呼びます。算式で表すと、次のようになります。

総資本＝他人資本＋自己資本

会社の調達した他人資本のコストが負債コストであり、自己資本のコストが株主資本コストです。では、会社全体として調達資金の<u>総資本コスト</u>（単に、資本コストと呼ぶこともあります）は、どのように考えたらいいでしょうか？
「総資本＝他人資本＋自己資本」でしたので、「総資本コスト＝負債コスト＋株主資本コスト」のように、両者のコストを合算したり平均値を取ればいいのでしょうか？

例えば、負債コストが2％、株主資本コストが4％の場合、次のようになります。

総資本コスト6％＝負債コスト2％＋株主資本コスト4％

もしくは、平均を取ると次のようになります。

総資本コスト3％＝（負債コスト2％＋株主資本コスト4％）÷2

実は、話はそう簡単ではありません。なぜなら、上の2つは他人資本と株主資本で調達した金額のボリュームの違いを加味していないからです。
数値例で考えてみましょう。

▼ A社とB社の資金調達

> A社
> 他人資本：1億円、負債コスト（税引後）：3％
> 自己資本：9億円、株主資本コスト：6％
> B社
> 他人資本：9億円、負債コスト（税引後）：3％
> 自己資本：1億円、株主資本コスト：6％

　A社とB社のどちらも負債コストと株主資本コストは同様ですが、他人資本と自己資本の調達資金の構成が異なります。そこで、まずは総資本10億円を調達するのに、結局、いくらコストがかかったのかを考えてみます。

> A社のコスト57百万円
> ＝他人資本1億円×負債コスト3％＋株主資本コスト9億円×6％
> ＞＞総資本コスト5.7％＝（調達に要したコスト57百万円÷総資本10億円）×100

> B社のコスト33百万円
> ＝他人資本9億円×負債コスト3％＋株主資本コスト1億円×6％
> ＞＞総資本コスト3.3％＝（調達に要したコスト33百万円÷総資本10億円）×100

　A社とB社のどちらも10億円の資金調達をしていますが、10億円を調達するのに要したコストは57百万円と33百万円と異なるため、総資本コストを算出するには、他人資本と株主資本の調達した金額のボリュームの違いを考慮しなければならないのです。

加重平均資本コスト
(WACC;Weighted Average Cost of Capital)

　総資本コストを計算するためには、他人資本と株主資本の調達した金額のボリュームの違いを、言い換えるとすれば、資本構成の割合を考慮する必要がありました。資本構成の割合を考慮して総資本コストを計算する方法が、加重平

均資本コスト（WACC;Weighted Average Cost of Capital）です。加重平均資本コストはWACCと表示されることが多く、通常、ワックと呼ばれています。WACCは、資金の調達源泉ごとに重み付けをして平均（加重平均）した値を計算します。算式は次のようになります。

---

*他人資本：D、自己資本：E、負債コスト：Rd、株主資本コスト：Reとする

$$WACC = \frac{D}{D+E} \times Rd + \frac{E}{D+E} \times Re$$

用語解説　加重平均資本コストとは、資金の調達源泉ごとに重み付けをした平均（加重平均）を総資本コストとして計算する方法のこと。

　また、前述のA社の総資本コストをWACCで計算すると、次にようになります。

$$WACC\ 5.7\% = \frac{1億}{1億 + 9億} \times 3\% + \frac{9億}{1億 + 9億} \times 6\%$$

　一見すると難しそうですが、前ページで調達に要したコストを総資本で割ったのと同じことですので、WACCの算式が苦手な方はこの考え方で十分です。
　ただし、もう1つプラスして考えておくことがあります。それは、負債コストは税引後だったということです。前のページでは、算式が複雑になってしまうので、まずは負債コストを税引後という前提で説明をしてきました。ただ、負債コストを計算しようとする場合、借入金や社債の利子率を入手することが多いでしょうから、WACCの算式は次のように記述されることが一般的です。

---

*「負債コスト（税引前）：Rd」「実効税率：T」とした場合

$$WACC = \frac{D}{D+E} \times Rd \times (1-T) + \frac{E}{D+E} \times Re$$

$$\text{WACC } 5.7\% = \frac{1\text{億}}{1\text{億}+9\text{億}} \times 5\% \times (1-0.4) + \frac{9\text{億}}{1\text{億}+9\text{億}} \times 6\%$$

図7-3-1　A社のWACC

貸借対照表

【資産の部】　【負債の部】
　　　　　　　1億円

負債コスト
5%×（1-税率0.4）
＝3%
⇒ ⇒3,000千円

【純資産の部】
9億円

株主資本コスト
6%
⇒ ⇒54,000千円

総資本コスト
WACC　5.7%
＝（57,000千円÷10億円）
　　×100

運用サイド　　調達サイド

資金源泉別に重み付け
して平均する！！

金額ベースの負債コストは3,000千円、株主資本コストは54,000千円です。他人資本と自己資本を合わせた総額10億円の資金調達に対して、トータルで57,000千円のコストがかかっています。よって、総資本コストは5.7%｛＝（57,000千円÷10億円）×100｝となります。A社は10億円の資金を5.7%のコストで調達している、ということです。

　WACCを計算する場合、負債や株主資本を貸借対照表に表示されている簿価（帳簿上の価額）でなく、時価（現在の公正な評価額）で計算することが合理的であると言われています。そのため、本来は負債の時価を計算するべきですが、負債の時価と簿価は大きな差が生まれにくいこと、また負債の時価の算出が困難なことから、実務では有利子負債の簿価で代用することが多くあります。

　一方、株主資本は時価で算出するのが原則です。なぜなら、株主は時価で株式を購入するからです。そこで、株主資本は純資産の部の額でなく、株式時価総額（＝株価×発行済株式数）を使います。ただし、株式時価総額は株価の変動によって大きく変わってしまう恐れがあるため、一定期間の平均値を使うこともあります。

7-3 のまとめ

・総資本とは、他人資本と自己資本の合計のこと。
・加重平均資本コスト（WACC）とは、資金の調達源泉ごとに重み付けをした平均（加重平均）を、総資本コストとして計算する方法のこと。

演習問題

次のデータを参考にして、A社の総資本コストを算出してください。
- 有利子負債総額：400億円　利子率：5％
- 株主資本の簿価：500億円　株主資本コスト：8％
- 発行済株式総数：6千万株　株価：1,000円
- 実効税率：40％

解答

総資本コストは6％となる。

解説

資金調達源泉ごとの資本コストを加重平均してみましょう。

総資本コストをWACCで算出する時のポイントは、次の2つです。

①負債コストは節税効果を考慮すること
②株主資本コストは時価ベースで考えること

（P244の「実務に役立つ知恵」参照）

まずは資金の調達源泉ごとに重み付けするために、時価ベースの株主資本の額を求めます。

株主資本600億円＝発行済株式総数6千万株×株価1,000円

あとは、次のWACCの算式に数値を入れ込んで計算します。

$$WACC = \frac{D}{D+E} \times Rd \times (1-T) + \frac{E}{D+E} \times Re$$

$$WACC\ 6\% = \frac{400億}{400億 + 600億} \times 5\% \times (1-0.4) + \frac{600億}{400億 + 600億} \times 8\%$$

以上から、総資本コストは6％となります。

つまり、A社は6％で資本を調達しているということです。

7-4 β値、期待収益率

— 本当に資本コストは計算できるのか?

資本コストの考え方って、財務会計でいう費用とは全く違いますね。

うん、取引を仕訳して帳簿に記録する簿記の世界とは、大きく異なっているね。

ところで、理屈は理解できたし、数値例で計算できるようにもなったのですが、実際の会社の資本コストはどうやって計算するのでしょうか? 株主が期待する収益率なんてわかるのですか?

今は企業の開示しているデータだけでなく、株式などに関するデータもインターネットで入手できるから、十分に可能だよ。

振り返り

　7章では、会社の資金調達のコストである負債コストと株主資本コストを、調達源泉別に資本コストとして把握し、それらを加重平均して算出する方法について数値例を用いながら説明してきました。

　7章の考え方は管理会計では王道の考え方ですが、実際の会社の総資本コストを計算することはできるのでしょうか?

　ここでは、ユニクロで有名な株式会社ファーストリテイリングを例にして、計算に必要なデータをどこから収集するのかを含めて、実際に総資本コストを計算していきます。

　なお、本書では執筆している時点のデータをExcelで計算していますが、電卓を使う場合、小数点以下をどこまで加味するかによって計算結果が微妙に異なります。ご注意ください。

　負債コスト、株主資本コスト、加重平均資本コストをもう一度、振り返ってみましょう。

7-4 ｜ β値、期待収益率 — 本当に資本コストは計算できるのか?

247

▼負債コスト

負債コスト = Rd × (1 − T)
  Rd：負債コスト（税引前）
  T：実効税率

▼株主資本コスト

$E(r) = Rf + \beta \times [E(Rm) - Rf]$
  E(r)：株主からの期待収益率（株主資本コスト）
  Rf：リスクフリーレート（risk free rate）
  β：個別企業の株式のβ値
  E(Rm)：株式市場全体の期待収益率
  [E(Rm) − Rf]：株式市場全体のリスクプレミアム

▼加重平均資本コスト

$$WACC = \frac{D}{D+E} \times Rd \times (1-T) + \frac{E}{D+E} \times Re$$

*他人資本：D、自己資本：E、株主資本コスト：Re

ファーストリテイリング社の負債コストの算出

　では、負債コストから検討していきます。

　負債コストの計算に必要なデータは、①有利子負債総額、②支払利息等、③実効税率です。どのデータも、会社が開示（ディスクロージャ）している決算短信や有価証券報告書を活用すると、概算の値を知ることができます。

　①有利子負債総額は、貸借対照表の資金調達サイド（右側）に表示されています。具体的には、短期借入金、社債、長期借入金、リース債務などの利子を払う必要のある負債（有利子負債）の合計額です。さらに、有利子負債を調達したことで支払っている、②支払利息などが必要です。支払利息などは、損益計算書の営業外費用の区分に表示されています。

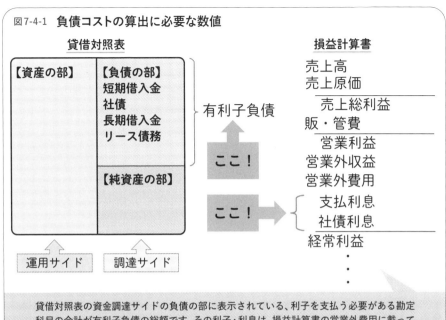

図7-4-1　**負債コストの算出に必要な数値**

貸借対照表

| 【資産の部】 | 【負債の部】
短期借入金
社債
長期借入金
リース債務 |
| | 【純資産の部】 |

有利子負債

ここ！

ここ！

運用サイド　調達サイド

損益計算書

売上高
売上原価
───────
　売上総利益
販・管費
───────
　営業利益
営業外収益
営業外費用
　　支払利息
　　社債利息
───────
経常利益
　・
　・
　・

貸借対照表の資金調達サイドの負債の部に表示されている、利子を支払う必要がある勘定科目の合計が有利子負債の総額です。その利子・利息は、損益計算書の営業外費用に載っています。

▼ データの入手先

有利子負債総額：貸借対照表の負債の部
支払利息等：損益計算書の営業外費用
実効税率：一般的に40％

＊必要に応じて、有価証券報告書の注記を活用

　ファーストリテイリング社の負債コストから計算してみましょう。

　同社の貸借対照表を見ると、1つ困ったことが起きます。実は、同社の貸借対照表には「短期借入金」等の表示がなく、「その他の短期債務」といったあまり聞きなれない勘定科目が登場するのです。これは、同社が日本の会計基準でなく、国際会計基準（IFRS;International Financial Reporting Stanadards）で会計処理をしているためです。

　でも、慌てる必要はありません。有価証券報告書には、財務諸表の後に豊富な注記が掲載されていますので、そこから情報を読み取ってくれば大丈夫です。

　ファーストリテイリング社の有価証券報告書の注記を見ると、①有利子負債

の総額は950,675百万円（＝短期借入金15,154百万円＋社債469,342百万円
＋リース負債466,179百万円）、②支払利息等は7,707百万円だとわかります。

あとは、③実効税率です。実効税率は概ね40%前後ですので、実務では40%
と設定して計算します。ちなみに、ファーストリテイリング社は、注記内の「法
人所得税」の項目に、実際負担税率として40.9%と記されています。今回の計
算では40%を使用してみましょう。

負債コスト（額）4,624百万円≒7,707百万円×（1－0.4）
負債コスト（率）0.49%
　　　　　　≒（4,624百万円÷有利負債総額950,675百万円）×100

ファーストリテイリング社の株主資本コストの算出

次に、株主資本コストを計算してみます。

株主資本コストの計算に必要なデータは、①Rf：リスクフリーレート、②E（Rm）：株式市場全体の期待収益率、③β：個別企業の株式のβ値です。

まずは、①Rf：安全証券の利子率です。

これは前述のように、10年もの国債の利回りをリスクフリーレートとして代用します。国債の利回りは、財務省のウェブサイト（https://www.mof.go.jp/jgbs/reference/interest_rate/）に、「過去の金利情報（excel）」として1974年から直近まで時系列で確認することができます。どの時点の国債の金利を使うかが問題となりますが、ここでは直近の金利0.06％を使用することにします。

次に、②E（Rm）：株式市場全体の期待収益率です。

期待している収益率ですので、どこから情報を入手するのか雲を掴むような話ですが、実務的には、過去の株式市場の統計データから4〜6％という数値がよく使われています。もう1つの方法が、市場の平均の株価収益率（PER；Price Earnings Ratio）の逆数から推定する方法です。PERは、利益から見た株価の割高・割安を示す株式市場の1つの指標で、次の算式で計算されます。

PER＝株価÷1株あたりの当期純利益

PERの逆数は、「1株あたりの当期純利益÷株価」となります。この数字はある意味、利回りで、どのくらいの元本（株価）でどのくらいの利益を得たかを表しています。

では、市場の平均のPERはどこから手に入れたらいいのでしょうか？

PERは、日本取引所グループ（JPX;Japan Exchange Group）のウェブサイト（https://www.jpx.co.jp/markets/statistics-equities/misc/04.html）の「規模別・業種別PER・PBR（連結・単体）一覧（excel）」から各月末ごとに見ることができます。ちなみに、東証一部（総合）の2020年8月の平均PERは20.1倍となっていますので、この数値を使うとすると、次のようになります。

E（Rm）：株式市場全体の期待収益率4.98％≒（1÷PER20.1）×100

最後は、③β値です。

　β値は、株式市場全体に対する個別株式の振れ幅でした。β値の計算は、統計的な要素も入りますので、かなり難易度が高いですが、株主資本コストの算出のために数値を活用したいわけですから、情報の入手先がわかれば十分です。β値は、ロイターのウェブサイト（https://jp.reuters.com）から検索して、企業ごとに調べることができます（時価総額もわかります）。ちなみに、筆者が調べた際のファーストリテイリング社のβ値は、1.32となっています。

　以上のことから、株主資本コストは次のように計算されます。

$$E(r)6.55\% ≒ Rf0.06\% + β1.32 × [E(Rm)4.98\% − Rf0.06\%]$$

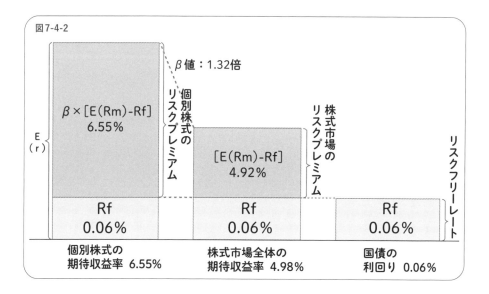

図7-4-2

▼データの入手先

Rf：リスクフリーレート＞＞＞財務省のウェブサイト（10年もの国債の利回り）
E（Rm）：株式市場全体の期待収益率＞＞＞日本取引所グループのウェブサイト（PERの逆数）
β：β値＞＞＞ロイターのウェブサイト

ファーストリテイリング社の総資本コストの算出

　同社の負債コストと株主資本コストが算出できたので、あとは両者の加重平均であるWACCを使って総資本コストを計算してみましょう。

　総資本コストの計算に必要なデータは、①負債コスト0.81％（税引前）、②有利子負債総額950,675百万円、③株主資本コスト6.55％、④株主資本です。
　④株主資本は時価が原則でした。そこでロイターのウェブサイトを見てみると、その際、時価総額は10,133,220百万円となっていました（発行済株式総数×株価でも構いません）。

　以上のことから、WACCは次のように算出できます。

WACC6.03％
＝{有利子負債950,675百万円÷（有利子負債950,675百万円
　＋株主資本10,133,220百万円）}×負債コスト（税引後）0.49％
＋{株主資本10,133,220百万円÷（有利子負債950,675百万円
　＋株主資本10,133,220百万円）}×株主資本コスト6.55％

図7-4-3　ファーストリテイリング社のWACC

数値をあてはめてみると！

WACC 6.03％

$$= \frac{950,675}{950,675 + 10,133,220} \times 0.81\% \times (1-0.4)$$ ← 負債コスト

$$+ \frac{10,133,220}{950,675 + 10,133,220} \times 6.55\%$$ ← 株主資本コスト

このように、外部者でも有価証券報告書や各種のウェブサイトの情報を活用することで、ファーストリテイリング社の総資本コストを概算することができました。この計算から、同社は会社全体で約6％のコストで資金調達していることがわかります。

7-4 のまとめ

- ・負債コストには、有価証券報告書を活用する。
- ・株主資本コストには、財務省、JPX、ロイターのウェブサイトを活用する。

演習問題

　衣料品販売で知られる株式会社しまむらの総資本コストは、次のように計算されます。

E(r)3.16%＝Rf0.06%＋β0.63×[E(Rm)4.98%－Rf0.06%]

Rf（リスクフリーレート）0.06%、E（Rm）4.98%：本文内と同様の値

β値0.63：ロイターのウェブサイトより

有利子負債0：しまむら社の有価証券報告書より

　有利子負債がないため、総資本コストは株主資本コストと同じ数値になります。

　現在、しまむら社は無借金経営ですが、事業拡張のため金融機関から100,000百万円（利子率1%）の融資を受けるとしたら、総資本コストはいくらになるかを計算し、総資本コストが現状に比べてどのように変化するかについて、コメントしてください。

　実効税率40%、時価総額434,100百万円として、他の条件は変わらないものとします。

解答

　総資本コストは2.68%となり、現状より低い値となる。

解説

　有利子負債による資金調達が増えると、総資本コストはどうなるのかを想定しながら計算してみましょう。

　しまむら社の負債コストは、次のようになります。

負債コスト0.6%＝1%×(1－実効税率0.4)

　またWACCを計算すると、次のようになります。

WACC2.68%
≒{100,000百万円÷(100,000百万円＋434,100百万円)}×負債コスト（税引後）0.6%＋{434,100百万円÷(100,000百万円＋434,100百万円)}×株主資本コスト3.16%

有利子負債による資金調達は節税効果があるために、一般的には株主資本コストより低い率になります。よって、結果として総資本コストを引き下げることになのです。

長期的な
意思決定

～戦略的な意思決定を知る～

　例えば、事務所の家賃は費用として計上され、1会計年度の利益計算に使われます。あるいは、設備投資にかかるキャッシュは投資効果が長期にわたるため、案件ごとに複数年度で評価する必要があります。

　第8章では、まず投資評価に必要な要素を確認します。次いで、貨幣の時間価値の概念、それらの知識を活用した具体的な投資評価の方法について、数値例を用いて計算してみます。最後に、投資評価のまとめとして、新規設備投資の案件の採否の判断を関数を使って行います。

投資判断に必要な要素①

－投資判断に必要な考え方を理解する

 設備投資を行った場合、その正否の判断はどうすると思う？

少なくとも、投資した年には利益が出ていないとダメなのではないでしょうか？

 まぁ、普通はそう考えるだろう。でも、管理会計的な視点からすると、それではダメだな。2つの大きな間違いをしているよ。

投資評価の考え方

　ある設備投資計画に従って設備投資を行った、もしくはプロジェクトを検討しているとしましょう。その設備投資やプロジェクトが成功したかどうかを、数字上ではどのように判断したらいいでしょうか？

　財務会計的には、その年度に利益が出たかどうかが、1つの業績の判断指標でした。では、設備投資の評価も、その年度に利益が出たどうかで判断して問題ないのかどうか、次の数値例で考えてみましょう。

▼ 3年間の投資効果

　A社は、900万円の設備投資（耐用年数3年）をしようと考えています。3年間の利益計画（損益計算書）は以下のとおりです。

	×1年	×2年	×3年	合　計	（単位：万円）
売上高	600	1,000	1,400	3,000	
原価・経費	600	600	600	1,800	
減価償却費	300	300	300	900	
営業利益	▲300	100	500	300	

＊減価償却費300万円＝投資額900万円÷耐用年数3年

A社の設備投資の良否を財務会計的に単年度で考えたとすると、×1年度に900万円の設備投資をしたにもかかわらず、300万円の赤字が発生していますので、この設備投資は失敗したことになります。

　また、仮に3年間の営業利益の合計額で考えたとしても、300万円の黒字ですので、投資額900万円に見合った利益を獲得できていません。よって、失敗となります。

　果たして、この判断でいいのでしょうか？

　この判断は、管理会計的には2つの間違いを犯しています。

　1つは単年度の会計基準で判断していること、そしてもう1つは、損益計算書上の営業利益で判断していることです。

　投資評価においては、単年度でなく、この設備投資全体でどのくらいお金を使って、その結果、どのくらい稼いだかが重要です。そのため個々の設備投資ごとに、その設備投資の効果の及ぶ期間で評価するのがポイントになります。この投資効果の及ぶ期間のことを、**経済命数**と呼ぶことがあります。

　もう1つのポイントはキャッシュです。投資評価によっては、財務会計上の利益ではなく、キャッシュが大切です。いくらキャッシュを使って、その結果、それ以上のキャッシュを獲得できていれば、数字上の判断としては成功だからです。プロジェクトで使ったお金を**キャッシュ・アウトフロー（COF）**、入ってきたお金を**キャッシュ・インフロー（CIF）**といいます。

　では、A社は900万円の投資に対して、キャッシュはどのくらい獲得できたのでしょうか？

　キャッシュの獲得額を計算するには、営業利益に減価償却費を足し戻してあげる必要があります。なぜなら、利益を計算する上では、減価償却費は費用として差し引かれますが、実際にその分のキャッシュが出ていっているわけではないからです。

　そうすると、A社は×1年こそ正味で増額したキャッシュフロー0円（＝営業利益▲300万円＋減価償却費300万円）ですが、2年目は400万円、3年目は800万円と、3年間で純額のキャッシュフロー1,200万円が増えています。投資額900万円と、純額のキャッシュフロー1,200万円とを比較するのです。

　このように、設備投資は原則としてキャッシュベースで考えます。なお、純額のキャッシュ・インフローを、**正味キャッシュ・インフロー**と呼びます。

投資評価において、考慮しなければいけないキャッシュフローは次の3つです。

①投資額
②年々の正味キャッシュ・インフロー
③投資資産を処分した際の正味・キャッシュ・インフロー

仮に投資効果の及ぶ期間が4年として、投資評価で考慮する3つのキャッシュフローを図示すると、図8-1-1のようになります。

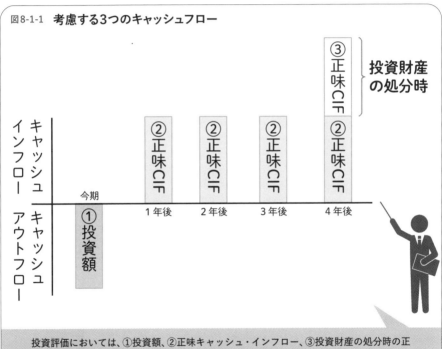

図8-1-1　**考慮する3つのキャッシュフロー**

投資評価においては、①投資額、②正味キャッシュ・インフロー、③投資財産の処分時の正味CIFを把握することがポイントです。極論すると、①≦②＋③の関係が成立しないと、投資が成功したとは言えません。

図8-1-1は単純な図ですが、投資評価の重要な要素である3つのキャッシュと、もう1つ、投資効果の及ぶ期間（経済命数）の両方が含まれていますので、非常に重要な図です。第8章では何度も出てきますので、しっかりと頭に残しておいてください。

8-1 のまとめ

・投資評価においては、個々の設備投資ごとに、その設備投資の効果の及ぶ
　期間（経済命数）で評価するのがポイント。
・投資評価においては、財務会計上の利益ではなく、キャッシュベースで考
　える。

演習問題

次のＡ社の損益計算書を参考にして、①法人税を考慮しない場合、②法人税を考慮した場合のキャッシュフローを計算してください。

×１年　（単位：百万円）

売上高	300
原価・経費	210
減価償却費	40
営業利益	50

なお、実効税率は40%とします。

解答

①法人税を考慮しない場合

正味キャッシュインフロー90百万円＝営業利益50百万円＋減価償却費40百万円

②法人税を考慮した場合

正味キャッシュインフロー70百万円＝税引後利益30百万円＋減価償却費40百万円）

解説

税金がキャッシュにどのような影響を与えるのか、考えてみましょう。

設備投資やプロジェクトを評価する場合は、利益ベースでなくキャッシュベースで検討することが原則でした。

①法人税を考慮しない場合

法人税を考えないとすると、Ａ社の営業利益50百万円をキャッシュベースにするには、減価償却費40百万円を足し戻します。よって、正味キャッシュインフローは90百万円となります。

②法人税を考慮した場合

投資評価のとき、実務においてもう１つ考慮しなければならないことがあります。それは法人税など税金の存在です。なぜなら、実際には会社が利益を生んでいれば、法人税などを納付しなければならないからです。

実効税率40%として、A社の損益計算書を書き換えると次のようになります。

×1年（単位：百万円）

売上高	300
原価・経費	210
減価償却費	40
営業利益	50
法人税等	20
税引後利益	30

　法人税を考慮すると、正味キャッシュインフローは、正味キャッシュインフロー70百万円（＝税引後利益30百万円＋減価償却費40百万円）となります。

　また、法人税を考慮した場合の正味キャッシュインフローは、次のように考えることもできます。

　まず、法人税がないとすると、正味キャッシュインフローは90百万円でした。仮にその金額に税金がかかったすると、次のようになります。

> 正味キャッシュインフロー90百万円×（1－実効税率0.4）となり、税引後キャッシュインフローは54百万円となる。

　しかし、実際の法人税を考慮した正味キャッシュインフローは、上述のとおり70百万円です。70百万円と54百万円の差は、どこから生まれたのでしょうか？

　それは、「減価償却費40百万円×実効税率0.4 ＝ 16百万円」です。

　減価償却費は費用として控除されますが、キャッシュは出ていきませんので、減価償却費×実効税率だけ節税効果があるのです。この節税効果分を、**タックス・シールド（tax shield）** といいます。

> 正味キャッシュ・インフロー70百万円＝税引前の正味キャッシュ・インフロー90百万円×（1－実効税率0.4）＋減価償却費40百万円×実効税率0.4

タックス・シールドはわかり難い概念ですので、図8-1-2で確認をしてみてください。

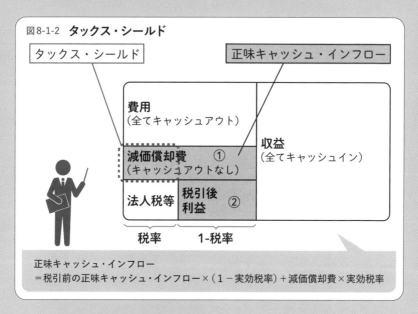

図8-1-2 **タックス・シールド**

正味キャッシュ・インフロー
＝税引前の正味キャッシュ・インフロー×（1－実効税率）＋減価償却費×実効税率

「減価償却費×実効税率」の部分を、タックス・シールドといいます。

また、「正味キャッシュ・インフロー＝税引前利益×（1－実効税率）＋減価償却費」とも書き換えることができます。

図8-1-2を見ると、正味キャッシュ・インフロー（赤い部分）の算出方法は2つあることがわかります。

正味キャッシュ・インフロー＝税引前の正味キャッシュ・インフロー×（1－実効税率）＋減価償却費×実効税率

これは、図内の①の部分＋②の部分にタックス・シールドの部分を足して、正味キャッシュ・インフローを求めた考え方です。

正味キャッシュ・インフロー＝税引前利益×（1－実効税率）＋減価償却費

そしてこれは、図内の②の部分に減価償却費の部分を足して、正味・キャッシュ・インフローを求めた考え方です。

投資判断に必要な要素②

－キャッシュの本当の特徴を理解する

 設備投資の案件が2つあった場合、どちらを選ぶかの判断基準は何だと思う？

3年間で得られる正味キャッシュインフローの大小だと思います。

 いいね。では、どちらも3年間で獲得できる正味キャッシュインフローは同額だと予想される場合はどう考える？

同額だとすると、判断のしようがないような気がします。

 いや、キャッシュの獲得のタイミングによって変わってくるんだよ。

貨幣の時間価値

　投資評価の判断に重要な要素は、キャッシュフローと経済命数でした。ここではキャッシュフローに関して、もう少し突っ込んで検討していきます。それは、**貨幣の時間価値**という考え方です。

　読者の皆さんは、今100万円を受け取るのと10年後に100万円を受け取るのでは、どちらがいいでしょうか？

> Aさん：今受け取るとすぐに使ってしまうから、10年後に100万円を
>   受け取る
> Bさん：10年後の100万円より今すぐ100万円を受け取る
> Cさん：今受け取っても、10年後に受け取っても、100万円は100万
>   円なのでどちらでもいい

Aさんは保守的、Bさんは現実的、Cさんは客観的と、価値観は様々です。管理会計では、今受け取る100万円は、将来受け取る100万円と同じ価値ではなく、高い価値を持っていると考えます。なぜなら、キャッシュは時間の経過とともに利子を生み出すからです。

　例えば、金利が5％の世界を想像してください。現時点の100万円は、1年後に100万円×1.05で105万円、2年後には100万円×1.05×1.05で110.25万円・・・10年後には100万円×1.05^{10}で162.89万円の価値を持っているはずです。逆に言えば、10年後の162.89万円は、今の100万円と同じ価値を持っているのです。そうすると、管理会計的にはBさんの選択が合理的ということになります。

> **用語解説**　貨幣の時間価値は、時間とともにキャッシュの価値が変わっていくという考え方のこと。

　キャッシュは時間的な価値を持っていますので、異なる時点のキャッシュフローの表面上の金額を、単純に足したり引いたりするのは好ましくありません。この感覚は、財務会計に慣れていると、少し理解し難いかもしれません。今年、設備Aを100万円で購入し、3年後に100万円分を追加購入した場合、貸借対照表上、設備の帳簿上の価額（簿価）は200万円となります。取得原価主義（購入した価額で帳簿に記録する考え方）ですので、これは決して間違いではありません。しかし、投資評価の時には、貨幣の時間価値の考え方を考慮しないと判断を誤る恐れがあるので注意が必要です。
　数値例で考えてみましょう。
　今、設備投資額が同一で、期間が3年間のAとBという2つのプロジェクトがあったとします。プロジェクトAとBの利益計画は次のとおりです。どちらのプロジェクトの方が好ましいでしょうか？

▼プロジェクトA

3年間の利益計画（損益計算書）

	×1年	×2年	×3年	合計
売上高	600	1,000	1,400	3,000
原価・経費	600	700	800	2,100
営業利益	0	300	600	900

（単位：百万円）

3年間の利益計画（損益計算書）

	×1年	×2年	×3年	合　計	（単位：百万円）
売上高	1,400	1,000	600	3,000	
原価・経費	800	700	600	2,100	
営業利益	600	300	0	900	

　どちらのプロジェクトも、3年間の利益は900百万円で同額です。ただし、プロジェクトAは徐々に利益が大きくなっていく案件で、逆にプロジェクトBは徐々に利益が減っていく案件です。

　2つのプロジェクトを比較した場合、通常は早く利益（キャッシュ）が入ってくるプロジェクトAの方が好ましいはずです。プロジェクトが有期限であれば、早く儲けが入ってくる方がいいことは、直感的にも理解できるでしょう。プロジェクトAの3年後の営業利益600百万円と、プロジェクトBの初年度の営業利益600百万円は同じ価値ではないからです。
　これが貨幣の時間価値です。

現在と将来の貨幣価値

　今の100万円と10年後の100万円は同じ価値でないというのが、貨幣の時間価値の考え方でした。今のキャッシュの価値は、将来のキャッシュの価値とは利子に相当する金額が異なっています。簡単に算式で表すと、次のようになります。

> 今のキャッシュの価値＋利子相当額＝将来のキャッシュの価値

　今のキャッシュの価値のことを<u>現在価値（PV；Present Value）</u>、将来の価値のことを<u>将来価値（FV；Future Value）</u>といい、利子率r、期間tとすると、上記の算式は次のように書き換えられます。

> $PV \times (1+r)^t = FV$

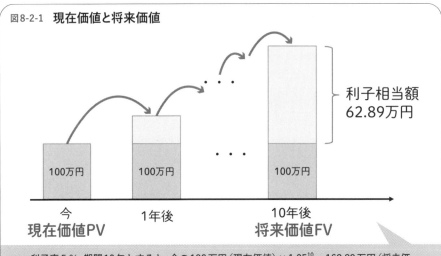

図8-2-1 **現在価値と将来価値**

利子相当額
62.89万円

100万円 100万円 100万円

今　　　　　　1年後　　　　　10年後
現在価値PV　　　　　　　　　**将来価値FV**

利子率5％、期間10年とすると、今の100万円（現在価値）× 1.05^{10} = 162.89万円（将来価値）となります。利子相当額62.89万円が、現在価値と将来価値の差となります。

　算式や図8-2-1からもわかるように、将来価値を出すための要素は、①キャッシュ（現在価値）、②利子率、③期間の3つとなります。この3つがポイントです。

　ところで、キャッシュの現在価値を将来価値にするには、キャッシュの現在価値に（1＋利子率）を対象期間の回数だけ乗じていきました。

　でも本文のように、100万円に（1＋0.05）を10回かけ続けるのも電卓では大変な作業です。ましてや投資評価では、将来価値を求めなくてはならないキャッシュがいくつも出てくる可能性があります。そこで、実務では電卓を使うのでなく、Excelの関数を使うことが一般的です。具体的には、FV関数を使用します。

　以下の例で、FV関数を使ってみましょう。

現在価値100万円、利子率5％、期間10年の場合の将来価値

【FV関数】

　引数は「利率」、「期間」、「定期支払額」、「現在価値」、「支払期日」の5つですが、ポイントは①キャッシュ、②利率、③期間の3つでしたので、次の3つの引数だけ入力すれば大丈夫です。

　すると、FVとして－1,628,895円を返してくれます。マイナスで将来価値が返ってくるようになっているので、「＝－FV（5%,10,,1,000,000）」とFV関数の前にマイナスを付けた方がわかりやすいでしょう。

割引現在価値

　前項では、今のキャッシュの価値（現在価値）から将来のキャッシュの価値（将来価値）を導き出しました、逆に考えると、将来価値から現在価値を算出することもできるはずです。将来価値から現在価値を導き出すことを、管理会計では「将来のキャッシュフローを現在価値に割り引く」といいます。例えば、10年後の100万円（将来価値）を利子率（割引率ともいいます）5％で割り引いた場合の割引現在価値（Discounted Present Value）は、次のようになります。

$$100 \div (1 + 0.05)^{10} = 61.39 万円（現在価値）$$

　利子率 5 ％の世界では、「今の61.39万円＝10年後の100万円」ということです。
　算式や図からもわかるように、前述の将来価値を算出した時と同様に、現在価値に割り引くための要素は、①キャッシュ（将来価値）、②利子率、③期間の3つです。繰り返しになりますが、貨幣の時間価値においては、①キャッシュ、②利子率、③期間がポイントとなります。

　ところで、キャッシュの将来価値を現在価値に割り引くには、キャッシュの将来価値を（1＋利子率）で、対象期間の回数だけ割り戻してきました。本文のように、100万円に（1＋0.05）で電卓を使って10回割り戻すのは手間な作業です。特に、投資評価では将来のキャッシュフローを現在価値に割り引いて、現在の投資額と比較する必要があるので、割引計算はよく出てきます。そのため、実務では普通、ExcelのPV関数を使います。以下の例で、PV関数を使ってみましょう。

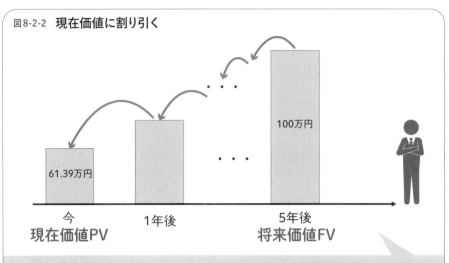

図8-2-2　**現在価値に割り引く**

61.39万円

100万円

今
現在価値PV

1年後

5年後
将来価値FV

利子率5％、期間10年とすると、10年後の100万円は、今の価値に置き換えると「100万円（将来価値）÷ 1.05^{10} = 61.39万円（現在価値）」となります。利子相当額38.61万円が、将来価値と現在価値の差となります。

【PV関数】

　引数は「利率」、「期間」、「定期支払額」、「将来価値」、「支払期日」の5つですが、貨幣の時間価値のポイントは、①キャッシュ、②利率、③期間の3つでしたので、次の3つの引数だけ入力すれば大丈夫です。

　「利率」= 5％、「期間」= 10年、「将来価値」= 1,000,000円を入力すると、PVとして－613,913円を返してくれます。マイナスで現在価値が返ってきますので、FV関数と同様に「=－PV（5%,10,,1,000,000）」とPV関数の前にマイナスを付けて、プラスの値が返ってくるようにします。もちろん、それぞれの引数は実数値でなく、セル参照入力した方が使い勝手はいいです。

8-2 のまとめ

・異なる時間の貨幣の価値の評価は異なる（貨幣の時間価値）ので、投資評価においては注意が必要になる。

・将来価値は、FV = PV ×（1＋r）^{t}の算式で表される。

・Excelを活用すれば、FV関数で将来価値を、PV関数で現在価値を簡単に計算できる。

演習問題

　ある会社から、資金提供について以下4つの提案がありました。利子率10％とすると、どの提案を選択するのが合理的と言えるでしょうか？

提案A：今、100百万円を提供する
提案B：1年後に100百万円を提供する
提案C：5年後に125百万円を提供する
提案D：5年間、毎年年末に25百万円を提供する

解答

　現在価値が最も高いのは提案Aであるため、提案Aを選択すべき。

解説

　①キャッシュ、②利子率、③期間の3つのポイントを意識して、貨幣の時間価値を考えてみましょう。

　4つの提案の現在価値を算出して、比較をしてみます。

　提案Aは、今、資金提供を受けるので、現在価値は100百万円です。

　提案Bは1年後ですので、将来価値100百万円を1.1で割り引くと、約91百万円となります。

　提案Cは5年後ですので、1.1で5回割り引くと、現在価値は約78百万円になります。

　提案Dは、少し厄介ですが、1年後に提供される25百万円は1.1で1回、2年後は2回・・・5年後は5回割り引いて、合計すると約95百万円となります。

　よって、現在価値が最も高いのは提案Aであるため、提案Aを選択すべきです。

【補足】

　同様のケースで利子率が2％だったら、結果はどのように変わるでしょうか？

　各提案の現在価値は、次のようになります。

提案A：100百万円
提案B：約98百万円＝100百万円÷1.02

提案C：約113百万円＝125百万円÷1.02^5

提案D：約118百万円＝25百万円÷1.02＋25百万円÷＋・・・＋25百万
円÷1.02^5

　よって、利子率２％とすると、提案Dが良い提案だということになります。将来価値（キャッシュ）を現在価値に割り引く際、割り引く期間と利子率（割引率）によって現在価値は異なってきます。貨幣の時間価値を検討する際には、キャッシュ、期間、利子率の３つが考慮するポイントとなるのです。

設備投資の経済性計算①

－投資判断のために数字を活用する

投資評価の際に考慮しなければいけない要素は何だったか、覚えているかい？

はい。キャッシュ、投資期間、利子率の3つです。

そうだね。その3つの要素を使いながら投資評価をしていくわけだけど、実は、その評価方法は複数あるんだよ。どれも一長一短なので、それぞれの特徴を掴むことが大切なんだ。

投資の経済性計算

投資評価の際に考慮しなければならない3つの要素と、プラスアルファとして貨幣の時間価値について検討してきました。それらをベースにして定量的に

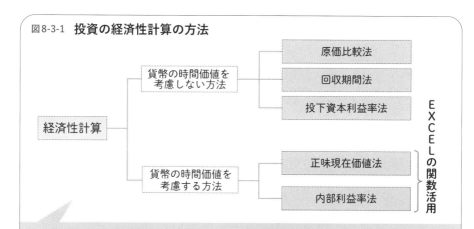

図8-3-1　**投資の経済性計算の方法**

原価比較法、回収期間法、投下資本利益率法は、理解のしやすさという点で、投資評価の判断基準として使用されますが、投資評価においては貨幣の時間価値を考慮するべきなので、正味現在価値法や内部利益率法の方が理論的に優れています。

設備投資やプロジェクトの評価を行うことを、管理会計では、投資の経済性計算といいます。

投資の経済性計算には、図8-3-1のように、貨幣の時間価値を考慮していない方法と考慮する方法があります。

まずは、貨幣の時間価値を考慮していないと言われている3つの経済性計算について、説明していきましょう。

原価比較法 ————————————————————————

原価比較法（Cost Comparison Method or Annual Cost Method）とは、いくつかの設備投資案やプロジェクトの年額にかかるコストを比較して、その中で年間のコストが低い投資案件を選択する方法です。年額のコストは次のように計算されます。

> 年額コスト＝資本回収費＋操業費

資本回収費とは、一般的に投資した設備の減価償却費を指します。また操業費は、その設備を運転するために必要な動力費やメンテナンス費用をいいます。

次の数値例で、原価比較法を確認してみましょう。

設備投資の計画として、A案とB案があります。原価比較法により、投資案件の優劣を決めてください。なお、貨幣の時間価値は考慮しないこととします。

> A案
> 設備投資額：120百万円
> 年々の操業費：12百万円
> 減価償却（定額法、残存価額0円、経済命数4年）
> B案
> 設備投資額：150百万円
> 年々の操業費：15百万円
> 減価償却費（定額法、残存価額0円、経済命数6年）

原価比較法では、単純にA案とB案の年額のコストを計算して比較します。

A案：年額コスト42百万円＝設備投資額120百万円÷経済命数4年＋
操業費12百万円

B案：年額コスト40百万円＝設備投資額150百万円÷経済命数6年＋
操業費15百万円

A案の年額コスト42百万円＞B案の年額コスト40百万円

以上から、B案の方が年額コストが少ないので有利だと結論付けられます。

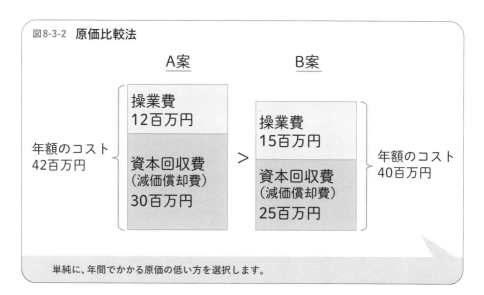

図8-3-2　原価比較法

単純に、年間でかかる原価の低い方を選択します。

　このように、原価比較法は計算が簡単で理解が容易な半面、その投資案件によってどれだけ儲けがもたらされるかという収益性とは何ら関係性がないという欠点があります。コストが安ければ、いくら儲かろうが関係ないという点で、単純すぎて少し非現実的とも言えるかもしれません。

投下資本利益率法

　投下資本利益率法（ROI；Return on Investment）とは、投資案件の効果の及ぶ期間（予想貢献年数）、つまり経済命数にわたって獲得されるであろう平均の利益（ないしキャッシュフロー）と投資額との比率を計算して、その比率の大きい投資案件を選択する方法です。一般的に、ROI（アール・オー・アイ）と呼ばれています。

ROIは、次のように計算されます。

> ROI（％）
> ＝（正味キャッシュ・インフローの合計÷予想貢献年数）÷投資額

実際に、投資案件のROIを計算してみましょう。

以下のような投資の計画があります。ROIを求め、投資案件の是非を決めてください。なお、投資案件の選択の基準値は7％となっています。

投資予定額は1,000百万円です。
▼ 年々のキャッシュフローの予想（単位：百万円）

	1年度	2年度	3年度	4年度	5年度
キャッシュ・インフロー	400	420	440	470	470
キャッシュ・アウトフロー	380	370	360	350	340
正味キャッシュ・インフロー	20	50	80	120	130

ROIでは、設備投資の予想貢献年数の平均のキャッシュ・インフローと、投資額を比率に表します。

> ROI＝{(20＋50＋80＋120＋130)÷5年}÷1,000×100＝8％

算出されたROIは8％で、投資案件の選択の基準値を上回っていますので、投資案件を採択するべきです。

このように、投下資本利益率法はその投資案件でどのくらい儲かるかという収益性の判定基準となるため、わかりやすいという利点があります。しかし、比率で表すことによって、投資案件の規模がわからなくなってしまうという欠点もあります。

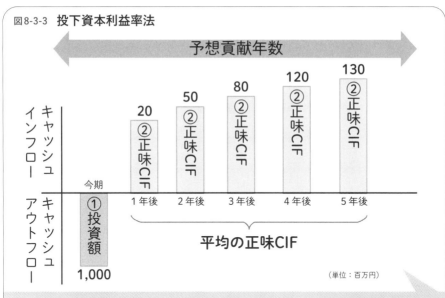

図8-3-3　投下資本利益率法

予想貢献年数

キャッシュ
インフロー

キャッシュ
アウトフロー

今期
① 投資額
1,000

1年後　② 正味CIF　20
2年後　② 正味CIF　50
3年後　② 正味CIF　80
4年後　② 正味CIF　120
5年後　② 正味CIF　130

平均の正味CIF

（単位：百万円）

この設備投資案件で入ってくると予想される正味キャッシュ・インフローの合計を、予想貢献年数で割ることで、平均の正味キャッシュ・インフローを計算しています。それを投資額で割ることで、投資額に対する利益率を算出しています。

　極端な例ですが、100億円の投資で１億円の平均正味CIFがある案件でROIが１％、他方、100万円の投資で１万円の平均正味CIFがある案件でROIが１％と、100億円の投資案件と100万円の投資案件が同等と評価されてしまう可能性があるということです。

回収期間法

　回収期間法（Payback Period Method）とは、当初の投資額を回収するために必要な期間を計算し、その期間の短い投資案件を有利な案とする方法です。回収期間法は、次のように計算されます。

> 回収期間（年）＝投資額÷平均の正味キャッシュ・インフロー

　では、次の投資案件の回収期間を計算してみましょう。
　以下のような投資の計画があります。回収期間を求め、投資案件の是非を決めてください。なお、当社の投資案件の選択の基準値は３年となっています。

投資予定額は、500百万円です。

▼ 年々のキャッシュフローの予想（単位：百万円）

	1年度	2年度	3年度	4年度	5年度
キャッシュ・インフロー	510	520	540	550	560
キャッシュ・アウトフロー	430	400	350	350	350
正味キャッシュ・インフロー	80	120	190	200	210

　回収期間法では、設備投資額を予想貢献年数の平均の正味キャッシュ・インフローで割って、回収期間を求めます。

平均の正味キャッシュ・インフロー
＝（80＋120＋190＋200＋210）÷5年＝160百万円／年
回収期間＝500÷160＝3.125年

　計算された回収期間は3年で、投資案件の選択の基準値を上回ってしまっていますので、投資案件を採択すべきではありません。

　このように、回収期間法は投資した額を何年で回収することができるかの目安になりますので、投資案件の安全性の判定基準となり、かつ理解しやすい点が優れています。そのため、「何年で回収できる？」といったように実務でもよく使われる方法です。その一方で、投資案件がいくら儲かるのか、特に回収期間後の収益性の指標にはならないという欠点があります。また、投資評価をする際に大切な貨幣の時間価値の考え方を取り入れていません。

　そこで、それを補うために、平均の正味キャッシュ・インフローでなく、年々の正味キャッシュ・インフローを累積していって、いつの時点で投資額が回収できるかを求める「累積的な回収期間法」という考え方があります。

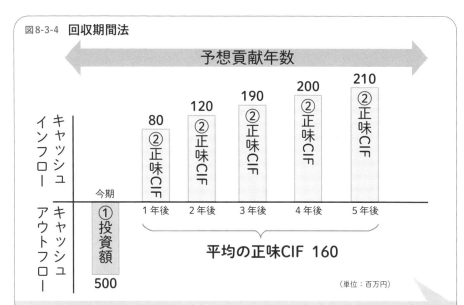

図8-3-4　回収期間法

回収期間法は、平均の正味キャッシュ・インフローで、投資額を何年で回収できるかを計算しています。その年数が短ければ短いほど投資額を早く回収できるわけなので、良い投資案件と判断されます。

> 累積的な回収期間法
> ＝投資額－１年目の正味CIF－２年目の正味CIF
> ……－ｎ年目の正味CIF＝０となるときのｎ年が、回収期間となる

　この方法は、年々の正味CIFを累積していくことで、本当に投資額が回収されるのは何年目なのかが明らかになり、投資案件の安全性を示す指標になります（数値例は、8-3の演習問題を参考にしてください）。

8-3 のまとめ

- 設備投資の経済性計算には、貨幣の時間価値を考慮しない（原価比較法、投下資本利益率法、回収期間法）と、貨幣の時間価値を考慮する（正味現在価値法、内部利益率法）がある。
- 原価比較法（Cost Comparison Method）とは、投資案件の年額コストを比較して、年間のコストが低い投資案件を選択する方法のこと。
- 投下資本利益率法（ROI；Return on Investment）とは、投資案件の効果の及ぶ期間にわたって獲得されるであろう平均の利益（ないしキャッシュフロー）と投資額との比率を計算して、その比率の大きい投資案件を選択する方法のこと。
- 回収期間法（Payback Period Method）とは、当初の投資額を回収するため必要な期間を計算し、その期間の短い投資案件を選択する方法のこと。

演習問題

以下は、本編で登場した回収期間の数値例です。

投資予定額は500百万円です。

▼年々のキャッシュフローの予想（単位：百万円）

	1年度	2年度	3年度	4年度	5年度
キャッシュ・インフロー	510	520	540	550	560
キャッシュ・アウトフロー	430	400	350	350	350
正味キャッシュ・インフロー	80	120	190	200	210

通常の回収期間法では、回収期間は次のように計算されました。

平均の正味キャッシュ・インフロー＝（80＋120＋190＋200＋210）÷5年
＝160百万円／年
回収期間＝500÷160＝3.125年

では、累積的な回収期間法では、回収期間は何年と計算されるでしょうか？

解答

3.55年。

解説

平均の正味キャッシュ・インフローでなく、毎年の正味キャッシュ・インフローを積み重ねていきましょう。
　累積的な回収期間法は、投資額に達するまで年々の正味CIFを積み重ねるため、次のように計算します。

＝投資額－1年目の正味CIF－2年目の正味CIF
……－n年目の正味CIF＝0となるときのn年を回収期間となる

---

3 年目までの未回収投資額：

投資額500 −（1 年目の正味CIF80 ＋ 2 年目の正味CIF 120 ＋ 3 年目の正味CIF 190）＝110百万円

よって、回収期間は次のようになります。

3 年 ＋（3 年目までの未回収投資額110百万円 ÷ 4 年目の正味CIF200百万円）年 ＝3.55年

　この数値例ですと、年数が経過するほど正味CIFが増えてくるようになっているため、年々の正味CIFを平均した通常の回収期間法より、累積的な回収期間法の方が回収期間が長くなります

設備投資の経済性計算②

－投資判断のためにEXCELの関数を活用する

投下資本利益率法や回収期間法はわかりやすいから、多くの会社で使われているんですよね？

 そうなんだけど、貨幣の時間価値の考え方がないという問題があるんだよね。

本来は、キャッシュを現在価値に割り引かないといけないのですよね。でも、計算が難しいという話を聞きました・・・。

 以前は大変だったけど、Excelの関数を使えば簡単だよ。

割引キャッシュフロー法
（DCF；Discounted Cash Flow）

　8-3では、貨幣の時間価値を考慮していない原価比較法、投下資本利益率法、回収期間法による投資評価の方法を考察してきました。これらの方法は、計算も簡単で理解しやすいというメリットがある一方で、異なる時点でのキャッシュを同等に評価してしまうため、必ずしも妥当な結論を導き出すことができないことがあります。

　そこで、理論的にも優れていると言われている**割引キャッシュフロー法（DCF；Discounted Cash Flow）**を解説してきます。DCFは、将来のキャッシュを現在の価値に割り引く方法の総称です。具体的には、**正味現在価値法（NPV；Net Present Value）**と、**内部利益率法（IRR;Internal Rate of Return）**を取り上げます。

理論的にも妥当な結論を導くと言われているDCF法ですが、以前から回収期間法が日本の実務では好まれて使われています。ただ、「わかりやすいが、貨幣の時間価値を考慮していない」という欠点があるため、貨幣の時間価値を考慮した**割引回収期間法（DPP;Discounted Payback Period Method）**を採用している会社も多くあります。DPPでは、8-3で解説した回収期間法の各年の正味キャッシュ・インフロー

を現在価値（投資時点の価値）に割り引いて、回収期間を計算します。現在価値に割り引きますので、通常の回収期間より長く計算され、安全性を高めた方法とも言えます。しかし、DPPといえども回収期間後の収益性を無視している点は解消できませんので、この後に説明するNPVやIRRの方が好ましいと言えます。

　正味現在価値法（NPV）と内部利益率法（IRR）を説明していくにあたり、設備投資の経済性計算のポイントを図8-4-1で、再度確認しておきましょう。
　検討しなければならない要素は、キャッシュインフロー（CIF）、割引率（r）、期間（t）、の3つです。キャッシュフローに関しても、①投資額（I）、②年々の正味キャッシュ・インフロー、③投資財産の処分時のキャッシュ・インフロー

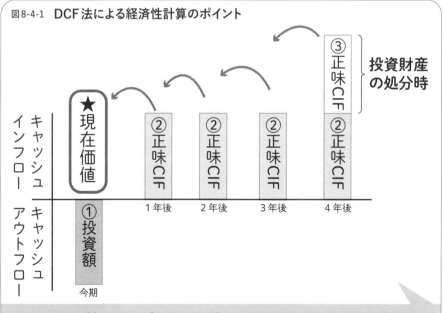

図8-4-1　DCF法による経済性計算のポイント

DCF法では、「①投資額」と、「★現在価値」（②年々の正味キャッシュ・インフローと③投資財産の処分時のキャッシュ・インフローを、割引率で現在価値に割り引いた合計額）の関係から投資評価の判断をします。

の３つです。

　DCF法ではまず、②年々の正味キャッシュイン・フロー、③投資財産の処分時のキャッシュイン・フローを現在価値に割り引き、トータルの現在価値を算出して、①投資額と比較します。

　具体的には、仮に期間が４年間だとすると、１年後のキャッシュは（１＋r）で１回割って現在価値に、２年後のキャッシュは（１＋r）で２回割って現在価値に、３年後のキャッシュは（１＋r）で３回割って現在価値に、４年後は（１＋r）で４回割って現在価値に割り引き、それらの合計額と投資額を比較するのです。

正味現在価値法（NPV）

　NPV法は、投資によって生じる年々の正味キャッシュ・インフローを割引率で割り引いて計算した現在価値の合計から、投資額を差し引いて、その投資案の正味現在価値を計算する方法です。正味現在価値は、次のように計算されます。

> **正味現在価値＝正味キャッシュ・インフローの現在価値の合計－投資額**

　正味現在価値＞０であれば、投資額より、投資によって獲得できるキャッシュの現在価値の合計が大きいので、投資案の採用が検討されます。一方、正味現在価値＜０であれば、投資額より、投資によって獲得できるキャッシュの現在価値の合計が小さいので、投資案は採用されません。

　複数案あって、どちらも正味現在価値がプラスの場合は、正味現在価値が大きいほど有利な投資案と考えます。

　算式や文章で見ると難しそうですが、図で考えると理解が容易になります。

　図8-4-2を見てください。各年度の正味キャッシュ・インフローを現在価値に割り引き、その合計額（★現在価値）と投資額（①投資額）の大きさを比べているだけです。

　では、実際の数値例でNPV法を確認してみましょう。

　次の資料に基づいて、投資案を採用すべきか否かを、NPV法によって判定してください。

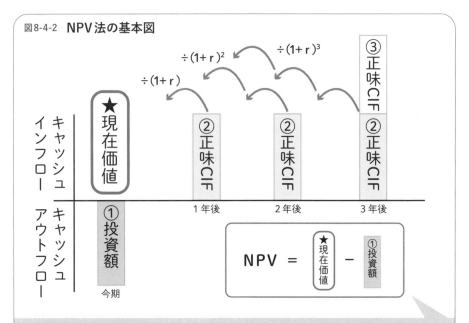

図8-4-2　NPV法の基本図

投資案件で入ってくるキャッシュ・インフローの現在価値の合計が、投資額より多くないと困ります。つまり、「★現在価値＞①投資額なら採用する」「★現在価値＜①投資額なら採用しない」ということです。

現時点における投資額：110百万円

本投資案の割引率：10%

▼年々の予想キャッシュ・インフロー

単位：百万円

	1年度	2年度	3年度	4年度	5年度
正味CIF	35	29	24	20	19

＊5年後の投資財産の処分時の正味CIFはゼロとします。

NPV法の式で計算すると、次のようになります。

正味現在価値-10.7百万円
＝正味キャッシュ・インフローの現在価値の合計35百万円÷(1+0.1)＋29百万円÷(1+0.1)^2＋24百万円÷(1+0.1)^3＋20百万円÷(1+0.1)^4＋19百万円÷(1+0.1)^5－投資額110百万円

投資額のほうが大きいので、本投資案件は投資すべきではありません。

このようにNPV法は貨幣の時間価値を考慮しているため、理論的にも優れています。ただ、年々の正味キャッシュ・インフローを割引率で現在価値に割り引く計算がかなり面倒なところが難点です。そこで、実務的にはExcelの関数を使って正味現在価値を計算します。

NPV関数

正味現在価値を計算するには、**NPV関数**を使います。

NPV関数の引数は「割引率」、「値1」、「値2」、「値3」、「値4」です。引数の「割引率」のところに現在価値に割り引くための割引率、「値1」に1年後の正味キャッシュ・インフロー、「値2」に2年後の正味キャッシュ・インフローを入力します。

NPV関数は非常に便利な関数ですが、留意点が2つあります。

1つは、正味キャッシュ・インフローを入力する引数が「値1」から「値4」までしかありませんので、投資評価の期間が5年以上の場合は、「値1」の欄に1年目からの正味キャッシュ・インフローを「,」で区切って入力するという点です。

もう1つは、NPV関数で計算された数値は、年々の正味キャッシュ・インフローの現在価値の合計額（図8-4-2の「★現在価値」の部分）です。そのため、NPV法でいう正味現在価値を算出するには、NPV関数で計算された数値から投資額を差し引く必要があります。

本文の投資額110百万円の例を使ってみると、=NPV（0.1,35,29,24,20,19）と入力します。

ただ、実数値で入力をすると、割引率を変えたり、投資額を変えたり、年々の正味キャッシュ・インフローを変えたりと、シュミレーションがし難いので、図8-4-3のようにセル参照で入力したほうが実践的です。

「割引率」にF5、「値1」に年々の正味キャッシュ・インフローのC3:G3の範囲を入力すると、年々の正味キャッシュ・インフローの現在価値の合計額として、99.3百万円を返してくれます。そこから投資額110百万円を差し引いて、正味現在価値は-10.7百万円となります。

図8-4-3　NPV関数の数値例

	A	B	C	D	E	F	G
1		今期	1年	2年	3年	4年	5年
2		NPV					
3	CIF	99.3	35	29	24	20	19
4	COF	− 110					
5		投資額		割引率		10%	
6							
7		正味現在価値					
8		− 10.7					

内部利益率法（IRR）

　IRR法では、投資案の正味キャッシュ・インフローの時間価値を考慮して、投資案の内部利益率を算出します。内部利益率とは、投資案の正味キャッシュ・インフローの現在価値の合計額と、その投資に必要なキャッシュ・アウトフローとを等しくする割引率です。

　投資案の基準となる割引率より内部利益率が大きい場合は投資案を採用し、小さい場合は不採用となります。また投資案が複数案ある場合は、内部利益率の大きい投資案を有利と判定します。

　内部利益率法の計算方法は、次の等式が成り立つような割引率を試行錯誤によって求めるため、別名、試行錯誤法とも呼ばれています。

　年々の正味キャッシュ・インフローの現在価値の合計
　＝投資額のキャッシュ・アウトフロー

　NPV法と同様、IRR法も文章の説明だけではわかり難いですが、図で考えてみましょう。図8-4-4を見てください。

　IRR法では、各年度の正味キャッシュ・インフローを現在価値に割り引き、その合計額（★現在価値）と投資額（①投資額）がイコールになるような割引率を試行錯誤しながら探すのです。

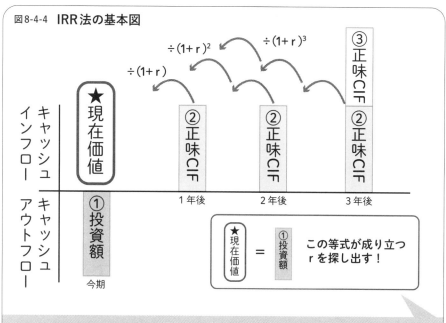

図8-4-4　IRR法の基本図

÷(1+r)²　÷(1+r)³

③正味CIF

÷(1+r)

キャッシュインフロー

★現在価値

②正味CIF　②正味CIF　②正味CIF

1年後　　2年後　　3年後

キャッシュアウトフロー

①投資額

今期

| ★現在価値 | ＝ | ①投資額 | この等式が成り立つ r を探し出す！ |

「★現在価値」＝「①投資額」
この等式が成立する内部利益率を、4％とならどうか、5％とならどうか、6％とならどうかと、何度も試しながら探していきます。計算された内部利益率が、設定している率よりも大きければ、その投資案を採用します。

　IRR法は、試行錯誤法と呼ばれるように、正味キャッシュ・インフローを現在価値の合計額（★現在価値）と投資額（①投資額）がイコールになるように、本当に色々な割引率を試して計算をします。まずは、任意の割引率で正味キャッシュ・インフローの現在価値の合計額を計算し、その額が投資額よりも大きければ、さらに高い割引率で計算をやり直します。逆に、投資額よりも小さければ、低い割引率で計算をやり直します。

　では、実際の数値例でIRR法を確認してみましょう。
　次の資料に基づいて、投資案を採用すべきか否かを、IRR法によって判定してください。

現時点における投資額：60百万円
本投資案の基準となる割引率：5%

▼ 年々の予想キャッシュ・フロー

単位：百万円

	1年度	2年度	3年度
正味CIF	28	23	15

＊3年後の投資財産の処分時の正味CIFはゼロとします。

IRR法で計算すると、次のようになります。

▼ 5％の場合

正味キャッシュ・インフローの現在価値の合計60.5百万円
$=28百万円 \div (1+0.05) + 23百万円 \div (1+0.05)^2 + 15百万円 \div (1+0.05)^3$
＞＞投資額60百万円より大きいので、さらに高い割引率で計算しなお
します。

▼ 6％の場合

正味キャッシュ・インフローの現在価値の合計59.5百万円
$=28百万円 \div (1+0.06) + 23百万円 \div (1+0.06)^2 + 15百万円 \div (1+0.06)^3$
＞＞投資額60百万円より小さいので、5％と6％の間の内部利益率と
なります。

そこで、内部利益率は次のように計算します。

$5\% + (60.5百万円 - 60百万円) \div (60.5百万円 - 59.5百万円) \fallingdotseq 5.5\%$

　本投資案の基準となる割引率5％より、内部利益率5.5％の方が大きいので、
本投資案は採用すべきです。
　このようにIRR法は貨幣の時間価値を考慮しているため、理論的にも優れて
いると言われています。しかし、試行錯誤しながら内部利益率を算出するしか
方法がないので、計算にかなりの時間がかかります。そこで、実務的にはNPV
と同様にExcelの関数を使って内部利益率を計算します。

IRR関数

内部利益率を計算するには、IRR関数を使います。

IRR関数の引数は、「範囲」「推定値」の2つです。引数の「範囲」のところに、投資額と年々のキャッシュ・インフローを「,」で区切って入力します。「推定値」には内部利益率に近いと推定される数値を入れることなっていますが、特に入力する必要はありません。

試行錯誤しなければ算出できない内部利益率を瞬時に計算してくれるIRR関数は非常に便利ですが、投資額はキャッシュ・アウトフローのため、マイナスで表示する点と、「範囲」にはセル参照で入力する点を注意してください。

本文の投資額60百万円の例を使ってみましょう。

図8-4-5　IRR関数の数値例

	A	B		C	D	E
1		今期		1年	2年	3年
2		投資額				
3	CIF	− 60		28	23	15
4	COF	− 60				
5						
6		基準となる割引率		5%		
7		IRR		5.5%		

「範囲」にB3:E3の範囲を入力すると、内部利益率5.5%を返してくれます。

NPV法とIRR法

NPV法とIRR法は、どちらも貨幣の時間価値を考慮するDCF法の考え方をベースにしていますので、理論的に他の方法より優れていると言われています。また、Excelの関数を使うことで、計算の面倒さを克服することができるのと合わせて、簡単にシミュレーションできるようになりました。そのため、理論的な側面だけでなく、現在は実務でも多用されるようになっています。

NPV法もIRR法も、基本的な考え方は同じです。

では、NPV法とIRR法はどちらの方が優れているのでしょうか？

一般的には、NPV法が優れていると言われています。

その理由は、IRR法は比率の大小で投資案の優劣を決めるため、投資案の規模が考慮されないという欠点があるからです。また、将来の正味キャッシュ・インフローがプラスの数値とマイナスの数値を含む場合に、IRR法で計算すると、2つの異なる内部利益率を計算してしまうことがあるため、判断に迷う場合があるという問題もあります。

その一方で、NPV法であれば正味現在価値の大小で投資案の優劣を決めるため、投資案の規模も考慮されますし、正味現在価値の計算結果もプラスの数値かマイナスの数値で計算されますので、判断に迷うこともありません。

資本コストとハードルレート

正味NPV法で、正味キャッシュ・インフローを現在価値に割り引く際に使用する割引率、またIRR法で内部利益率と比較する基準となる割引率は、テキストなどでは所与のものとして提示されています。では、実務的には何の利率を使用したらよいのでしょうか？

一般的には、7章で検討した資本コストを使うことが多くあります。資本コストは、会社に資金を提供した債権者や株主の期待する投資収益率です。資金調達したコストであり、その資金を使った設備投資やプロジェクトを考えた場合、最低限超えなければならない数値です。そのため、割引率＝資本コストとするケースが多くあります。

ただし、資本コストはあくまで債権者や株主が要求するリターンですので、本来、資本コストをベースにしながら、経営環境などから事業のリスクを考慮して、投資案件ごとに割引率を判断すべきです。事業リスクが高いのであれば、資本コストより高く割引率を設定したほうがよいでしょうし、事業リスクが低いのであれば、資本コストより低く割引率を設定する場合もありえます。

このように、投資案ごとに設定される割引率のことを、**ハードルレート**といいます。ハードルレートは、投資案ごとに期待される最低限のリターンとも言えます。陸上のハードルと同様、投資案ごとに超えなければならないレートという風に考えるとわかりやすいでしょう。

8-4 のまとめ

- ・NPV法は、投資案の年々の正味キャッシュ・インフローを割引率で割り引いて計算した現在価値の合計から、投資額を差し引いて、その投資案の正味現在価値を計算する方法。
- ・IRR法は、投資案の正味キャッシュ・インフローの時間価値を考慮して、投資案の内部利益率を算出する方法。
- ・ExcelのNPV関数やIRR関数を活用すれば、正味現在価値や内部利益率を簡単に計算することができる。

演習問題

　　投資のため、10,000万円のマンション購入する予定です。将来5年にわたって現金収入が600万円獲得でき、そのために年々10万円の現金支出がかかる見込みです。また5年後には、8,000万円でマンションを売却できそうです。

　　資本コスト（割引率）を4%として、この投資案の採否を正味現在価値法と内部利益率法で判断してください。

解答

①正味現在価値法

　　正味現在価値 -798.0万円がマイナスであるため、投資案を採用すべきではありません。

②内部利益率

　　内部利益率2.1%が基準となる割引率（資本コスト）4%を下回るため、投資案を採用すべきではありません。

解説

Excelの関数を活用してください。

①正味現在価値法
【1〜4年目の年々の正味キャッシュ・インフロー】
590万円＝600万円-10万円
【5年目の正味キャッシュ・インフロー】
8,590万円＝600万円-10万円+8,000万円

単位：万円

	A	B	C	D	E	F	G
1		今期	1年	2年	3年	4年	5年
2		NPV					
3	CIF	9,202.0	590	590	590	590	8,590
4	COF	− 10,000					
5		投資額		割引率		4%	
6							
7		正味現在価値					
8		− 798.0					

NPV関数を使うと、次のようになります。

NPV9,202.0万円 = NPV（F5,C3:G3）
正味現在価値 -798.0万円 = NPV9,202.0万円 - 投資額 10,000万円

正味現在価値がマイナスであるため、投資案を採用すべきではありません。

②内部利益率法

単位：万円

	A	B	C	D	E	F	G
1		今期	1年	2年	3年	4年	5年
2		投資額					
3	CIF	-10,000	590	590	590	590	8,590
4	COF						
5							
6		基準となる割引率	4%				
7		IRR	2.1%				

IRR関数を使うと、次のようになります。

内部利益率2.1% = IRR（B3:G3）

内部利益率2.1%が基準となる割引率（資本コスト）4％を下回るため、投資案を採用すべきではありません。

関数は本当に便利！

　8章では、FV関数、PV関数、NPV関数、IRR関数とExcelの関数をご紹介してきました。関数を使うと、計算が瞬時にできるだけでなく、投資額、正味キャッシュ・インフロー、割引率、投資期間を簡単にシュミレーションできる点がなんとも便利です。

　以前は、現価係数表（縦軸に年数、横軸に割引率）という、現在価値に割り引くための係数表を使用して電卓で計算をしていました。

▼ 現価係数表

(年/率)	1.00%	2.00%	3.00%	4.00%	5.00%	6.00%	7.00%	8.00%	9.00%	10.00%
1	0.9901	0.9804	0.9709	0.9615	0.9524	0.9434	0.9346	0.9259	0.9174	0.9091
2	0.9803	0.9612	0.9426	0.9246	0.907	0.89	0.8734	0.8573	0.8417	0.8264
3	0.9706	0.9423	0.9151	0.889	0.8638	0.8396	0.8163	0.7938	0.7722	0.7513
4	0.961	0.9238	0.8885	0.8548	0.8227	0.7921	0.7629	0.735	0.7084	0.683
5	0.9515	0.9057	0.8626	0.8219	0.7835	0.7473	0.713	0.6806	0.6499	0.6209
6	0.942	0.888	0.8375	0.7903	0.7462	0.705	0.6663	0.6302	0.5963	0.5645
7	0.9327	0.8706	0.8131	0.7599	0.7107	0.6651	0.6227	0.5835	0.547	0.5132
8	0.9235	0.8535	0.7894	0.7307	0.6768	0.6274	0.582	0.5403	0.5019	0.4665
9	0.9143	0.8368	0.7664	0.7026	0.6446	0.5919	0.5439	0.5002	0.4604	0.4241
10	0.9053	0.8203	0.7441	0.6756	0.6139	0.5584	0.5083	0.4632	0.4224	0.3855

　例えば、10年後の100万円を3％で現在価値に割り引く場合は、現価係数表の10年と3％の交わる現価係数0.7441を選んで次のように計算します。

744,100円 ＝ 1,000,000円 × 0.7441

　現価係数表を使えば、1.03を電卓で10回割るよりは楽ですが、それなりの労力を使います。

　設備投資の経済性計算を学んだ当時、そこで次のようなExcelのワークシートを自分なりに作って、経済性計算をしていました。

▼ ワークシートの例

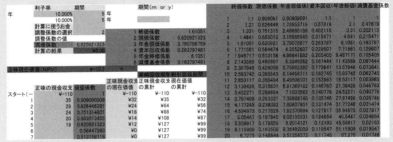

　このワークシートで計算がかなり楽になりましたが、残念ながら
NPV関数などは知らなかったため、ワークシート作成に時間がかかって
いました。

　でもある日、NPV関数やIRR関数を知り、まさに瞬時に計算ができ
て感動したものです。ぜひ、関数を積極的に活用して、投資の経済性
計算のシミュレーションを行ってみてください。

設備投資の採否

－新規設備を導入すべきか、しないべきか

NPV関数やIRR関数を使いこなせるようになったかい？

はい、なんとか使い方はわかりました。

それじゃあ、もう少し突っ込んで設備投資の評価をしてみようか。

新規設備投資

　これまでは投資評価の考え方について説明してきましたが、ここでは最後の
まとめとして、新規の設備投資の経済性計算をしてみましょう。

> 　A社では、新規の設備Xの導入を検討中です。正味現在価値法と内部
> 利益率法で投資案の採否を検討してください。
>
> ▼新規設備Xのデータ
> ・取得価額：1,000万円
> ・減価償却：定額法、耐用年数（経済命数）5年、残存価額100万円
> 　（減価償却費の計算は「（取得価額－残存価額）÷耐用年数」とする）
> ・経済命数終了後に残存価額で売却

▼予想キャッシュフロー

単位：万円

	1年度	2年度	3年度	4年度	5年度
売上	700	760	740	740	740
原価・経費	480	500	490	480	470
減価償却費	180	180	180	180	180
営業利益	40	80	70	80	90
税金	16	32	28	32	36
税引後利益	24	48	42	48	54

・売上、原価・経費は全てキャッシュによるものとする
・減価償却費180万円
　＝（取得価額1,000万円-残存価額100万円）÷耐用年数5年

・実効税率：40％
・資本コスト（割引率）：8％

　まずは、年々の正味キャッシュ・インフローを求めます。
　法人税と減価償却費がありますので、タックスシールド（参考：8-1の演習問題）を考慮しましょう。年々のキャッシュ・インフローを算出するアプローチは2つありました。

・税引前利益×（1－実効税率）＋減価償却費
・税引前の正味キャッシュ・インフロー×（1－実効税率）＋減価償却費
　×実効税率

　1年目の正味キャッシュ・インフローを2つのアプローチで計算すると、次のようになります。どちらのアプローチでもいいので、わかりやすい方で正味キャッシュ・インフローが計算できれば大丈夫です。

・税引前利益40万円×（1－実効税率0.4）＋減価償却費180万円
　＝204万円
・税引前の正味キャッシュ・インフロー（700万円－480万円）×
　（1－実効税率0.4）＋減価償却費180万円×実効税率0.4＝204万円

なお、2年目以降の正味キャッシュ・インフローは次の通りです。

2年目228万円、3年目222万円、4年目228万円、5年目334万円
（＝234万円＋売却額100万円）

5年目には設備Xを残存価額100万円で売却しますので、正味キャッシュ・インフローに加味するのを忘れないようにしましょう。

これで、投資額、年々の正味キャッシュ・インフロー、割引率、期間の必要な情報がそろいました。

新規設備投資 −正味現在価値法−

では、NPV関数で計算してみましょう。

図8-5-1　正味現在価値の計算

	A	B	C	D	E	F	G
1		今期	1年	2年	3年	4年	5年
2		NPV					
3	CIF	955.5	204	228	222	228	334
4	COF	− 1,000					
5		投資額		割引率		8%	
6							
7		正味現在価値					
8		− 44.5					

*NPV955.5万円＝NPV（F5,C3:G3）
*よって、正味現在価値 -45.5万円＝NPV955.5万円 - 投資額1,000万円

以上から、正味現在価値-45.5万円であるため、投資案を採用すべきではありません。

新規設備投資 –内部利益率法–

では、IRR関数で計算してみましょう。

図8-5-2　**内部利益率の計算**

	A	B	C	D	E	F	G
1		今期	1年	2年	3年	4年	5年
2		投資額					
3	CIF	− 1,000	204	228	222	228	334
4	COF						
5							
6		基準となる割引率		8%			
7		IRR		6.4%			

*IRR6.4% = IRR（B3:G3）

以上から、内部利益率6.4％が基準となる割引率（資本コスト）8％を下回るため、投資案を採用すべきではありません。

8-5 のまとめ

・実際の設備投資の経済性計算には税金と減価償却費があるので、タックス・シールド分を考慮する。
・最終年度には投資した設備の売却がある場合があるので、その時は正味キャッシュ・インフローに加算する。

演習問題

　本文の設備Xの投資案（P298参照）で、資本コスト（割引率）が4％の場合、正味現在価値法と内部利益率法で投資案の採否を検討してください。他の条件は同様とします。

解答

①正味現在価値法

　正味現在価値73.7万円がプラスであるため、投資案を採用すべきです。

②内部利益率

　内部利益率6.4%が基準となる割引率（資本コスト）4％を上回るため、投資案を採用すべきです。

解説

セル参照でワークシートを作成してください。

①正味現在価値法

　割引率を4％としてNPV関数を使うと、次のようになります。割引率を入力するF5のセルを、8％から4％に変えるだけです。

> NPV1,073.7万円 = NPV（F5,C3:G3）
> 正味現在価値73.7万円 = NPV1,073.7万円 - 投資額1,000万円

　正味現在価値がプラスであるため、投資案を採用すべきです。

②内部利益率法

　IRR関数を使うと、次のようになります。基準となる割引率が8％から4％に変わっただけですので、内部利益率自体の計算は変わりません。

> 内部利益率6.4% = IRR（B3:G3）

　基準となる割引率4％を内部利益率6.4%が上回るため、投資案を採用すべきです。

M&Aと企業価値

近年、日本でも活発にM&A（合併と買収）が行われていますが、ある意味、M&Aは対象となる会社を購入する行為です。では、その購入価額、つまり企業価値はどのように決まるのでしょうか？　企業価値を評価する方法としては、①**インカムアプローチ（income approach）**、②**マーケットアプローチ（market approach）**、③**コストアプローチ（cost approach）**の3つのアプローチがあります。

①インカムアプローチ

M&Aの対象となる会社の将来の儲けに着目するアプローチです。インカムアプローチによる会社の価値を算定する代表的な方法が、DCF法です。

DCF法は、会社が将来的に生み出すであろうキャッシュフローを資本コスト（割引率）で現在価値に割り引いて、対象会社の価値を算定する方法です。

この方法は、第8章で説明したNPV法と基本的な考え方は変わりません。つまり、NPV法は設備投資の経済性計算だけでなく、なんとM&Aにおける企業価値の評価にも有用な方法なのです。

②マーケットアプローチ

M&Aの対象となる会社が市場でいくらで売られるだろうかという、市場の評価に着目するアプローチです。マーケットアプローチによる会社の価値を算定する代表的な方法が、類似会社比較法や市場株価法などです。

類似会社比較法は、M&Aの対象会社に似た会社を選び、その価値と利益の倍率を基準として、M&Aの対象会社の価値を算定する方法です。倍率として、**EV/EBITDA倍率**が使われることがよくあります。EVは企業価値（enterprise value）、EBITDAは支払利息・税金・減価償却費差引前利益（Earnings Before Interest, Tax, Depreciation and Amortization）のことです。EVをEBITDAで割ったEV/EBITDA倍率は、買収にかかるコストを何年で回収できるかを示す指標で、一般的には8〜10倍程度と言われています。

市場株価法は、M&Aの対象会社の実際の株価と発行済み株式数から価値を算定する方法です。

③コストアプローチ

M&Aの対象となる会社の純資産に着目するアプローチです。コストアプローチによる会社の価値を算定する代表的な方法に、時価純資産法があります。

時価純資産法は、M&Aの対象会社の資産を時価で評価しなおして、その時価合計額から負債の総額を控除して価値を算定する方法です。

▼ 企業価値評価の方法

アプローチ	着眼点	評価の方法
Income	将来的に得られるであろう儲け	DCF法
Market	類似会社のM＆A事例	類似会社比較法・市場株価法
Cost	純資産価格	時価純資産法

M&Aにおける実際の企業価値を評価する場合、通常はそれぞれのアプローチで企業価値を算定し、その結果を比較・検討して取引価格が決められます。

バランスト・スコアカード

～戦略と数字をつなぐ～

　今日、管理会計の世界において、戦略と数字の関わりが重要性を増してきています。なぜなら、戦略と業績評価は密接に関連しているからです。戦略と財務的な数字を繋ぐには、バランスト・スコアカード（BSC;Balanced Score Card）の考え方が有効です。BSCは財務的な業績だけでなく、顧客や業務プロセス、さらには従業員や組織の学習と成長の観点から総合的にビジネスを捉えます。

　第9章では、BSCの基本的な考え方を学習した後、ビジョンと戦略の策定と実現の方法のために戦略マップを描いてみます。さらに、戦略マップを業績の評価と関連付け、最終的にはアクションプランに落とし込んでいきます。

4つの視点

－ビジョンを実現する道筋

管理会計の考え方を知ってから、ビジネスを数字で見れるようになってきたと思います！

ビジネスに役立つ会計が管理会計だからね。これで戦略と数字との繋がりがわかれば、鬼に金棒だ。

戦略と数字との繋がりですか？

そうだよ。数字のない戦略は、絵に描いた餅にすぎないからね。

バランスト・スコアカード（BSC;Balanced Score Card）

　ビジョンを描いたとしても、それを実現する戦略がなければビジョンは実現されません。また戦略を立案しても、数字的な裏づけや目標がなければ、単なる絵に描いた餅で終わってしまいます。

　ビジョン実現への道筋を「財務」「顧客」「業務プロセス」「学習と成長」の4つの視点から整理し、かつ業績評価と結び付けようとする考え方が、**バランスト・スコアカード（BSC;Balanced Score Card）** です。

・**「財務の視点」**
　ビジョンを実現するために、財務的にはどのような行動を起こすのか？
　具体的な業績評価の尺度としては、売上高、営業利益、キャッシュフローなど。

・**「顧客の視点」**
　ビジョンを実現するために、顧客に対してどのような行動を起こすのか？
　具体的な業績評価の尺度としては、顧客満足度、マーケットシェア、新規顧

客の開拓数など。

・「**業務プロセス**」

財務の目標、また顧客の満足のためには、どのような業務を行うのか？
具体的な業績評価の尺度としては、納期、特許取得数、仕損じ発生率など。

・「**学習と成長**」

業務遂行のため、どのような能力を身につけるのか、どのような制度を作るのか？
具体的な業績評価の尺度としては、有資格者数、IT リテラシーのレベル、改善提案数など。

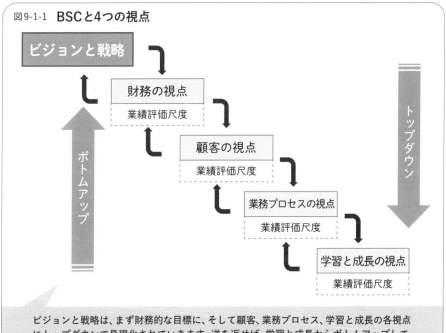

図9-1-1　**BSCと4つの視点**

ビジョンと戦略は、まず財務的な目標に、そして顧客、業務プロセス、学習と成長の各視点にトップダウンで具現化されていきます。逆を返せば、学習と成長からボトムアップしていけば、最終的にビジョンと戦略は実現されます。

| 用語解説 | バランスト・スコアカード（BSC;Balanced Score Card）とは、ビジョン実現の戦略を4つの視点で整理し、かつ業績評価と結びつける考え方のこと。 |

BSCの何が、バランスがとれているのかというと、一般的には次のように言われています。

　まずは、財務会計で出てくる利益率やキャッシュなどの財務的な指標だけでなく、学習と成長の視点があるように非財務的な指標も含まれている点です。

　つい、過去・現在の財務的な指標のみの短期的な業績評価になってしまいがちですが、人や組織は財務的な指標のみで評価されるわけではなく、将来に向けての成長も含んだ長期的な評価も重要になります。

　もう１つは、財務の視点や顧客の視点は主に外部からの評価尺度が中心ですが、業務プロセスの視点や学習と成長の視点は組織内部の評価尺度であるという点です。

　このように、BSCを使えばバランスよく業績を評価できるため、戦略と数字をつなぐフレームワーク（考えるための枠組み）として、日本でも多くの企業が導入しています。

```
財務的な指標　−　非財務的な指標
過去・現在　−　将来
短期的　−　長期的
外部　−　内部
```

戦略マップ（strategy map）

　具体的には、ビジョンと戦略の実現の道筋を４つの視点でどのように整理していったらいいのでしょうか？

　その道筋のつながりを図解して見える化する手法が、**戦略マップ（strategy map）** です。

　これまで一つ一つの戦略案は箇条書きで記述されてきました。しかし、箇条書きでは戦略の全体がどのように構成されているのかという全体像が見えません。また本来、戦略全体を構成する戦略案は相互に補完し合っているはずですが、箇条書きではそれぞれの戦略案とのつながりが見えませんでした。

　そこで、戦略マップでは「財務の視点」「顧客の視点」「業務プロセスの視点」「学習と成長の視点」の４つの視点で戦略案を整理し、それらの関係（目的と手段）をマッピングしていくことで、戦略の全体像と戦略案のつながりを図示します。

　図9-1-2が、キャプラン教授とノートン氏が提示している戦略マップの雛形です。

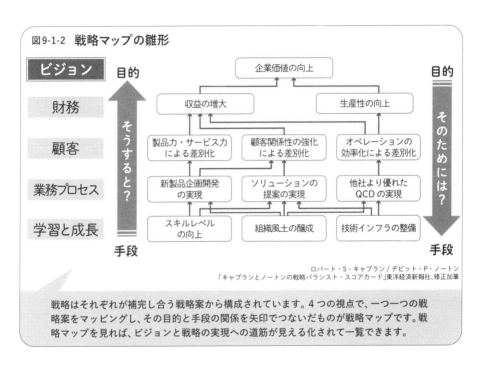

図9-1-2　戦略マップの雛形

ロバート・S・キャプラン／デビット・P・ノートン
「キャプランとノートンの戦略バランスト・スコアカード」東洋経済新報社、修正加筆

戦略はそれぞれが補完し合う戦略案から構成されています。4つの視点で、一つ一つの戦略案をマッピングし、その目的と手段の関係を矢印でつないだものが戦略マップです。戦略マップを見れば、ビジョンと戦略の実現への道筋が見える化されて一覧できます。

　戦略案のつながりをトップダウンで見てみましょう。
　「企業価値の向上」のビジョンを実現するためには、財務的に「収益の増大」が必要で、そのためには顧客に対して「製品力・サービス力による差別化」を図ることが必要で、そのためには業務プロセスにおける「新製品企画開発の実現」が必要で、そのためには個々人の「スキルレベル」をアップさせなければなりません。

　もちろん、ボトムアップでも各戦略案はつながっていきます。
　個々人の「スキルレベル」をアップすると、業務において「新製品企画開発の実現」が達成でき、そうすると顧客に対して「製品力・サービス力による差別化」を図ることができ、そうすると財務的に「収益の増大」戦略が取られ、そ

うすると「企業価値の向上」のビジョンが実現できます。

このように、個々の戦略案は独立したものでなく、相互に補完し合いながら全体の戦略を形作っているのです。

図9-1-2は雛形なので、4つの視点以外の新たな視点を取り入れたり、1つの視点を階層化したりするなど、会社の状況に応じて独自性を加えても全く問題はありません。ただ、雛形というくらいなので、そのままでも使い勝手がいいのも事実です。実際に自社の戦略を作り上げていく際、非常に参考になりますので、4つの視点に従って各戦略案を見ていきましょう。

・「財務の視点」

ビジョンを実現するために、財務的にはどのような戦略案を取るのか？

財務の視点では、基本的に2つの方向性が考えられます。1つは収益の新しい源泉の創出や、既存顧客からの売上拡大等、収益アップの成長戦略です。もう1つは、原価・経費のコスト削減や資産の見直しなどの効率化戦略です。

財務の視点では、相反する成長戦略と効率化戦略のバランスを取ることがポイントになります。

・「顧客の視点」

ビジョンを実現するために、顧客に対してどのような戦略案を取るのか？

自社の「顧客への価値提供」についての戦略における差別化には、3つの方向性があります。高い製品力・サービス力による差別化、顧客との関係性を重視した差別化、そして、優れたオペレーションによる差別化です。

顧客の視点においては、成功している会社の多くは3つの差別化のうち1つが卓越したレベルに達している一方で、残りの差別化においても標準的なレベルにあると言われています。

・「業務プロセス」

財務の目標、また顧客への価値提案を実現するためには、どのような業務を行うのか？

顧客への価値提案の戦略案が策定されれば、どのように業務を行っていけばいいのかは必然的に決まってきます。例えば、高い製品力・サービスによる差別化にはイノベーションの強化、顧客との関係性の強化による差別化には卓越したアフターサービスの実現、オペレーションの効率化による差別化には徹底したQCD（品質Quality、コストCost、納期Delivery）の実現です。

業務プロセスの視点では、顧客への価値提案と業務プロセスをきっちりとリンクさせ、方向性を合致させることが重要です。

・「学習と成長」

　業務遂行のために、どのような能力を身につけ、どのような制度を作るのか？

　選択された業務プロセスを実現するために会社が身につけるべき力としては、従業員のスキルレベルの向上、戦略を推進する組織風土の醸成、戦略を支援する技術インフラや制度の整備などがあります。

　学習と成長の視点は全ての戦略案の土台であり、財務戦略、顧客への差別化戦略、会社内部の業務プロセスを支える役割を持ちます。

9-1 のまとめ

- バランスト・スコアカード（BSC;Balanced Score Card）とは、ビジョン実現の戦略を「財務」「顧客」「業務プロセス」「学習と成長」の4つの視点で整理し、かつ業績評価と結びつける考え方のこと。
- 戦略マップ（strategy map）とは、ビジョンの実現と戦略の道筋のつながりを見える化するために、戦略案をマッピングする手法のこと。

演習問題

次の7つの戦略案を、未完成な戦略マップにマッピングしてください。

・組織風土の改革
・ブランド力の向上
・リードタイムの短縮
・コスト構造の改革
・能力開発
・ITインフラの整備
・ソリューションの開発

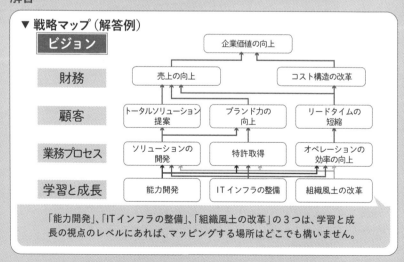

▼ 戦略マップ（未完成）

解答

▼ 戦略マップ（解答例）

「能力開発」、「ITインフラの整備」、「組織風土の改革」の3つは、学習と成長の視点のレベルにあれば、マッピングする場所はどこでも構いません。

戦略案を４つの視点で捉えてみましょう。

具体的には、「財務」「顧客」「業務プロセス」「学習と成長」の４つです。

「財務」：コスト構造の改革

「顧客」：ブランド力の向上、納期の短縮

「業務プロセス」：ソリューションの開発

「学習と成長」：能力開発、組織風土の改革、IT インフラの整備

あとは４つの視点のレベルに合わせて、戦略案をマッピングしてみてください。

実際に戦略マップを書く場合のポイントは、次の２つです。

①戦略案は行動系の言葉で書くようにする

「IT インフラ」ではダメです。これでは「IT インフラ」を構築するのか、整備するのか、どうするのかがわからないからです。行動系の言葉にしないと、目的と手段の関係が生まれません。単に「特許」と「IT インフラ」では、目的と手段の関係にはありません。

②戦略案のつながりを声に出して読んでみる

それぞれの戦略案の整合性がとれているか、トップダウンで「そのために？」、またボトムアップで「そうすると？」と声に出してみると、相互にちゃんとつながっているかを確認することができます。

KPIとアクションプラン

－裏づけとなる数字を作る

各戦略案のつながりが見える化できるなんて、戦略マップは便利なツールですね。

 戦略案はそれぞれ孤立して存在しているわけではないからね。

ただ、戦略案同士のつながりは見えたのですが、戦略と数字とのつながりの方が・・・。

 それじゃあ、ここから戦略と数字をつなげていってみようか。

重要成功要因（CSF；Critical Success Factor）と重要業績評価指標（KPI；Key Performance Indicator）

　戦略マップで各戦略案の相互関係を図示しながら、戦略の全体像を策定しました。でも、戦略は策定して終わりではありません。実行が無ければ、ビジネスを継続的に維持・成長していくことはできないのです。では、策定した戦略を確実に実行していくには、どうしたらいいでしょうか？

　それには、戦略実行のポイントを明らかにし、それが達成できたどうかの評価の指標と目標値を設定することが必要です。

　戦略を実行し成功させるためのポイントのことを、戦略案の<u>重要成功要因</u><u>（CSF；Critical Success Factor）</u>といい、CSFが達成されるかの評価の指標を<u>重要業績評価指標（KPI；Key Performance Indicator）</u>といいます。

> **用語解説**　重要成功要因（CSF；Critical Success Factor）とは、戦略案の達成に影響を与える成功要因のこと。

　戦略を実行に落とし込んでいくための次のステップは、CSFとKPIの検討です。それぞれの戦略案にCSFとKPIができたら、KPIに数値目標（ターゲット）を設定します。この数値目標を設定するところが、スコアカードと言われる所以でもあります。

◎スコアカードの作成手順

①戦略案（戦略目標）を達成するためのCSFを検討する
②CSFの実現を評価するKPIを決める
③目標とする具体的な数値を設定する

　戦略案からCSFへの展開、CSFからKPIへの展開、さらにKPIに数値目標を示した表の例が図9-2-1です。この表のことを、**KPIスコアカード**と呼びます。

図9-2-1　**KPIスコアカード**

戦略マップから戦略案	重要成功要因 CSF	業績評価指標 KPI	数値ターゲット
財務 売上の向上	1.1. 新規顧客の開拓	1.1.1. 顧客カード数 1.1.2. 問い合わせ件数	1.1.1. 前年対比+5% 1.1.2. 新規5件/月
	1.2. 既存顧客の深耕	1.2.1. リピート数	1.2.1. 6回/年
顧客 ブランド力の向上	2.1. 認知度のアップ	2.1.1. 展示会出展回数	2.1.1. 4回/年
	2.2. メディアへの露出	2.2.1. 露出回数	2.2.1. 前年対比+10%
		2.2.2. レビュー数	2.3.1. 前月対比+10%
業務プロセス 特許の取得	3.1. 研究部門の設置	3.1.1. 設置時期	3.1.1. 第二四半期中
	3.2. 専任者の配属	3.2.1. 研究時間	3.2.1. 70%以上
学習と成長 能力開発	4.1. オンライン研修開催	4.1.1. 研修回数 4.1.2. 受講者人数	4.1.1. 1回/月 4.1.2. 80%以上
	4.2. 目標管理の導入	4.2.1. 面談回数	4.2.1. 1回/四半期

KPIを作成する際のポイントは、可能な限り定量的に表せるように意識することです。中には、顧客満足度の向上や組織風土の改善など、定量化しにくい要素もあるでしょう。それでも、顧客満足度や従業員満足度などのアンケートやヒアリングを行うなどして、可能な限り定量化するように心がけてください。

KPIに設定した数値目標で、戦略案が各部門や個人に落とし込めるので、各部門や個人がどのように行動したら会社の目的に貢献できるかが明らかになります。まさに、KPIは各部門や個人にとっての業績評価の指標になるのです。

行動計画

CSFとKPIを設定することで、各部門や個人がやるべき行動が決まり、KPIに設定した数値目標によってどこまでやるかが明確になりました。また、戦略案をCSFとKPIに連動させることで、戦略案が各部門や個人に落とし込まれました。では、これで策定した戦略が実行へと移っていくのでしょうか？

戦略を実行していく上には、もう1つステップが必要になります。
それは、やるべき行動をいつやるか、時間軸を明らかにすることです。そこで、行動計画書を作成します。いわゆる、アクションプラン（action plan）です。

用語解説	**アクションプラン（action plan）**とは、策定した戦略を実行するために、各部門や個々人のとるべき行動を計画した計画書のこと。

アクションプランとしては、通常、2〜3年程度の時間軸で設定した中期のアクションプランと、1年の短期のアクションプランの2つを作成します。
中期アクションプランは、戦略案を実行するためのCSFの優先順位をつけながら、四半期ないし半期程度の区分で全体のプランを示し、短期アクションプランは月ないし週単位で具体的な計画を示します。短期と中期のアクションプランを統合して、図9-2-2のような1つのプランとして記述することもあります。

いくら良い戦略案を練っても、実行されなければ意味がありません。そして、実行するためには計画がないと、日々の忙しさに押し流されて、実行が後回しになってしまう恐れがあります。そこで、計画に落とし込み、日々の進捗を管理していくことが必要になるのです。アクションプランを作成すると、どのような手順で進めていけばいいのかが一目瞭然でわかるようになります。

ところで、アクションプランを作成する上で注意する点が3つあります。

図9-2-2　アクションプラン

戦略案＆CSF	KPI＆ターゲット	担当	×1年〜×3年のスケジュール（★印＝マイルストーン）	備考
1. 売上の向上				
1.1. 新規顧客の開拓	顧客カード数：前年対比＋5% 問い合わせ件数：新規5件/月			
1.2. 既存顧客の深耕 ・・・	リピート数：6回/年			
2. ブランド力の向上				
2.1. 認知度のアップ	展示会出展回数：4回/年			
2.2. メディアへの露出 ・・・	露出回数：前年対比＋10% レビュー数：前月対比＋10%			
3. 特許の取得				
3.1. 研究部門の設置	設置時期：第二四半期中			
3.2. 専任者の配属 ・・・	研究時間：70%以上			
4. 能力開発				
4.1. オンライン研修の開催	研修回数：1回/月 受講者人数：80%以上			
4.2. 目標管理の導入 ・・・	面談回数：1回/四半期			

戦略案を実現していくために、CSFをどのような手順で実行していくのかを時系列に並べて、計画に落とし込んだものがアクションプランです。通常、短期と中期の計画を作成します。

　1つ目は、各アクションに人を貼り付ける、つまり担当を決めることです。担当を決めなければ、誰が実行するかわからず、そのまま放置されてしまう危険があります。担当を決めることで責任と実行の主体が明確になります。また、担当者をアクションプランに明示することで、1人に負荷がかかりすぎていないか、全体のバランスを確認できます。

　2つ目は、**マイルストーン（milestone）** を設けることです。マイルストーンとは、もともとは一里塚のことで、スタート地点からゴールに行く途中の中間地点に置いてある距離を表す標石です。アクションプランにおけるマイルストーンは、アクションを開始してから終了するまでの間のチェックポイントと考えたらいいでしょう。マイルストーンを設定することで、計画の節目節目で進捗や結果を確認できます。ちなみに、図9-2-2内の★印がマイルストーンの例です。

3つ目は、マイルストーンで進捗管理する際、何を持って進捗をチェックするかを決めておくことです。チェックするための具体的な成果物やツールを決めておかないと、場当たり的になりがちです。進捗管理に活用する道具としては、例えば、日報、月例会での報告、成果報告書、各種プロジェクト管理ツールのソフトウエア、ToDoリスト、かんばん方式などです。アクションプランの右端の備考欄に活用する成果物やツールを記載しておくと、進捗管理の意識も高まりますし、メンバー間で情報を共有化できます。

> ## 9-2 のまとめ
>
> ・重要成功要因（CSF；Critical Success Factor）とは、戦略案の達成に影響を与える成功要因のこと。
> ・重要業績評価指標（KPI；Key Performance Indicator）とは、定量的に業績を評価するための指標のこと。
> ・アクションプラン（action plan）とは、戦略を実現するために、各部門や個々人のとるべき行動を計画した計画書のこと。

演習問題

BSCの４つの視点に従って、考えられるKPIを３つずつ挙げてください。

解答

財務の視点：売上高、利益率、営業活動によるキャッシュフローなど。
顧客の視点：顧客満足度、クレーム件数、顧客内シェアなど。
業務プロセスの視点：リードタイム、欠品率、提案回数など。
学習と成長の視点：改善提案数、教育時間、資格取得者数など。

解説

できる限り定量的に表せる評価指標を考えてください。
　KPIは可能な限り定量化できるものにします。なぜなら、数値で表せないと、できているのかいないのかの判断ができず、評価できないからです。

　財務の視点では、財務的な目標である収益増大の成長性と、効率性に関わる評価の指標を考えます。例えば、売上高、利益率、営業利益、売上の伸び、営業活動によるキャッシュフロー、フリーキャッシュフロー、セグメント別利益、販売数、原価率、投資額、付加価値、粗利、株価、アイテム数などがあります。

　顧客の視点では、顧客にどのような価値を提案し、競合他社と差別化したのかを評価できる指標を考えます。例えば、顧客満足度、クレーム件数、顧客内シェア、口コミ数、返品率、顧客数、リピート率、新規開拓数、市場占有率、顧客ロイヤリティ、平均購買単価、購買回数、レビュー数、定着率などがあります。

　業務プロセスの視点では、顧客に価値提案し、競合他社と差別化するために、設計、開発、購買、製造、物流、販売、アフターサービスの各業務でどのような活動が必要なのかを評価する指標を考えます。例えば、リードタイム、欠品率、訪問回数、提案回数、在庫の削減率、歩留まり率、注文履行数、特許件数、新商品開発数、アポイント件数、納期遵守率、稼働時間、事故発生件数、新規契約数などがあります。

　学習と成長の視点では、差別化された業務プロセスを実行する従業員の能力、組織のインフラ、風土がどのように体現されるかの評価指標を考え

ます。例えば、改善提案数、教育時間、従業員満足度、資格取得者数、研修回数、システム利用回数、離職率、欠勤日数、有給消化率、面談回数、新規採用数、定着率、労災数、クレド活用度、定例会議数、目標管理制度導入などがあります。

　インターネットや書籍などで、他の会社の例なども参考にしつつ、自社の置かれている状況と戦略の実行に適したKPIを選択しましょう。

おわりに

　経営やマネジメントに数字を活用する管理会計が本書のテーマでした。

　数字の世界とは縁遠かった方も本書を読み進めていく中で、ビジネス上の判断をするにあたって、プラスアルファとして数字の判断材料が加わったのではないでしょうか。

　Accounting is a language of business.

　「会計はビジネス言語である」と言われています。ある意味、会計のスキルを習得するという過程は、言語を習得する過程と似ているとも言えます。

　ある言語を習得するには、基本をしっかり理解し、ある一定の期間、ある一定の量の練習が必要になります。「学習し始めたけど、やめてしまう。」そして、「また、学習し始める、でも、やめてしまう。」を繰り返していては、いつまで経っても、その言語をマスターすることは難しいでしょう。

　会計のスキルも一緒ではないでしょうか？

　「よし、会計のスキルを身につけよう！」と、ちょっとかじってみる。しかし、忙しさにかまけて、学習がストップしてしまう。そしてまた、、、

　会計のスキルの習得には、基本的な考え方の本質を理解し、それをある一定期間、ある一定の量を使い続けてみるのが一番です。

　一度、身につけてしまえば、一生モノのスキルですので、一定レベルに到達するまで使い続けてみることです。

　本書を手に取って、最後まで読んでくださった読者の皆様は、管理会計の基本的な考え方をしっかりと理解してくださったはずです。さらに「演習問題」にも取り組み、すでに実践への第一歩を踏み出しています。

　「鉄は熱いうちに打て」とも言います。

　人間は忘れやすい生き物ですので、今一度、管理会計の考え方を振り返って、会計のスキルをご自身のものにしていただければ、筆者としては望外の喜びです。

　最後になりましたが、本書の企画から執筆にはソシム株式会社の編集部の皆様に大変お世話になり、感謝しております。

　また、執筆中のアドバイスや校正のサポートにご尽力くださった方々に、深く感謝を申し上げます。

2021 年春

駒井　伸俊

索引

カバーデザイン：植竹裕（UeDESIGN）

本文デザイン・DTP：有限会社 中央制作社

基本も実務知識もこれ1冊で！

管理会計本格入門

2021年 4月 8日　初版第1刷発行

2024年 4月11日　初版第5刷発行

著者　　駒井 伸俊

発行人　片柳 秀夫

編集人　志水 宣晴

発行　　ソシム株式会社

https://www.socym.co.jp/

〒101-0064　東京都千代田区神田猿楽町 1-5-15 猿楽町 SS ビル

TEL：(03)5217-2400（代表）

FAX：(03)5217-2420

印刷・製本　シナノ印刷株式会社

定価はカバーに表示してあります。

落丁・乱丁本は弊社編集部までお送りください。送料弊社負担にてお取替えいたします。

ISBN 978-4-8026-1305-7　©2021 Nobutoshi Komai　Printed in Japan